바다거북은 어디로 가야 할까?

어디로 가야 할까?

최재희 지음

창비
Changbi Publishers

차례

일러두기

창비 홈페이지(www.changbi.com) 및 책씨앗 홈페이지(bookseed.kr)에서 독서 활동 자료를 다운로드할 수 있습니다.

높아지는 온도, 빨라지는 속도

1992년 에티오피아 아파르 분지에서 한 원시 인류의 유골이 발견되었습니다. 놀랍게도 이 유골에서 직립 보행이 가능한 골반의 형태가 확인되었어요. 이 원시 인류의 이름은 아르디피테쿠스 라미두스입니다. 뿌리, 근원, 유인원이라는 뜻을 담은 이름이지요. 쉽게 말해 인류의 기원을 뜻합니다. 조금 더 실감나게 표현하자면 우리의 먼 조상이라는 말이지요. 아르디피테쿠스가 인류의 시작이라는 이름을 얻을 수 있었던 핵심은 '두 발 걷기'입니다. 지금까지 발견된 원시 인류의 화석 중 두 발 걷기가 가능한 종으로는 가장 오래되었다고 평가받고 있거든요. 아르디피테쿠스는 두 발 걷기와 나무 타기를 두루 하면서 약 440만 년 전에 동아프리카 지구대 계곡에 살았을 것으로 추측됩니다. 여기서 누군가는 '루시'를 떠올릴 수도 있겠네요. 맞습니다. 오스트랄로피테쿠스를 대표하는 루시 역시 꽤 오래전에 살았던 원시 인류입니다. 그런데 아르디피테쿠스는 루시보다 약 100만 년 먼저 살았던 것으로 추정됩니다.

아르디피테쿠스는 두 발로 걸으며 손을 자유롭게 사용한 덕분에 침팬지와는 다른 진화의 길을 걸을 수 있었습니다. 뇌 용량은 약 300~350cc로 침팬지와 비슷한 수준이지만, 직립 보행이 가능한 골반 형태, 상대방을 위협하는 긴 송곳니가 없다는 점 등을 근거로 현생 침팬지와 같은 계통이 아니라는 진단을 받았지요. 아직까지 침팬지와 원시 인류의 공통 조상에 해당하는 유인원의 화석은 발견되지 않았지만, 아르디피테쿠스가 인류의 조상 중 하나라는 사실은 두루 받아들여지고 있습니다.

아르디피테쿠스가 살던 지역은 아프리카 대륙의 동부에 놓인 '동아프리카 지구대'입니다. 동아프리카 지구대는 '인류의 요람'이라는 별명이 있는 공간입니다. 아르디피테쿠스 라미두스를 포함하여 오스트랄로피테쿠스 등 오래된 원시 인류의 화석이 무더기로 발견된 곳이기 때문이지요. 그 옛날 어느 시점엔가 두 발로 걸으며 손을 자유롭게 사용하는 것이 생존에 유리한 환경이 되었을 때, 현생 침팬지의 먼 조상과 진화의 궤를 달리한 종이 바로 원시 인류의 출발이었을 것입니다.

오스트랄로피테쿠스가 길을 떠난 이유

오스트랄로피테쿠스는 약 300만 년 전~50만 년 전 동아프리카 지구대 일대에서 살았습니다. 이들은 도구를 만들어 사냥에 이용하며 점차 서식지를 확대했습니다. 풍요로운 생활 환경을 찾아 주변 지역으로 이동하기 시작한 것이지요. 고고학자들에 따르면, 아르디피테쿠스가 발견된 아파르 분지에서 시작된 인류의 대여정은 동아프리카 지구대 전역으로 이어졌다고 합니다. 흥미로운 사실은 동아프리카 지구대가 지리적인 면에서 오스트랄로피테쿠스의 이동 방향에 적지 않은 영향을 주었다는 점입니다. 무슨 뜻일까요?

오스트랄로피테쿠스의 이동 방향과 동아프리카 지구대의 연결 고리를 이해하려면 우선 판(Plate)을 알아야 합니다. 판은 지구의 겉 부분을 덮고 있는 두께 100km 안팎의 암반입니다. 지구를 축구공으로 생각한다면, 판은 축구공의 겉면을 이루는 여러 조각에 해당합니다. 지구 내부의 커다란 에너지는 지구 바깥쪽을 구성하는 판을 조금씩 움직이게 만듭니다. 이 과정에서 판과 판은 서로 부딪치거나 나뉘거나 미끄러지지요. 이 중 동아프리카 지구대는 판이 나뉘는 과정에서 만들어졌습니다.

　동아프리카 지구대는 크게 보아 솟아오른 땅과 꺼진 땅으로 나뉩니다. 꺼진 땅은 남북으로 긴 이동 통로가 되지요. 마치 바닷물이 들어올 수 있도록 물길을 낸 백사장처럼, 낮게 파낸 골짜기에 물이 들어오는 것을 상상하면 이해가 쉽습니다. 동아프리카 지구대의 낮은 자리가 남북으로 길게 발달해 있어, 원시 인류 또한 남북 방향으로의 이동이 수월했습니다. 기술의 발달로 이동이 자유로운 지금은 상상하기 힘들지만, 자연환경의 제약이 컸던 당시에는 땅이 놓은 길이 곧 사람의 길이었습니다.

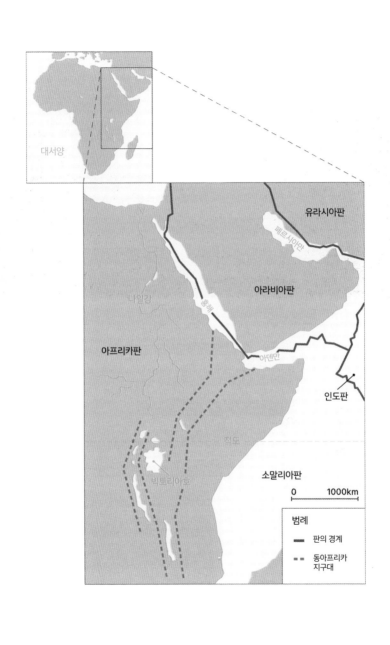

대서양

유라시아판

페르시아만

아라비아판

나일강

홍해

아덴만

아프리카판

인도판

적도

소말리아판

빅토리아호

0   1000km

범례

━━━ 판의 경계

▪▪▪ 동아프리카
지구대

→ 아프리카 대륙 동쪽을 따라 발달한 동아프리카 지구대는 약 4000km로, 폭은 평균 50km에 이른다.

동아프리카 지구대를 따라 남북으로 퍼져 살던 원시 인류는 약 6만 5000년 전부터 아프리카를 벗어나기 시작했습니다. 이른바 인류의 대여정이 시작된 것인데, 여기에는 기후 변화라는 변수가 숨어 있습니다.

오늘날 전 세계가 주목하는 기후 변화는 과거에도 수차례 반복돼 온 지구의 자연 현상입니다. 지구는 기울어진 채로 자전과 공전을 하는 덕에 주기적으로 기후 변화를 맞이했습니다. 이러한 지구의 특징은 때로는 강추위를 몰고 와 빙하기를 조성하기도 하고, 덥고 습한 적도 수렴대를 남북으로 이동시켜 사막을 초원으로 바꿔 놓기도 했지요.

기후가 변하면 그에 기대 살아가는 생명들의 삶도 변하기 마련입니다. 호모 사피엔스가 대이동을 감행한 시기는 기후 변화의 시기와 대략 일치합니다. 수렵과 채집으로 살던 호모 사피엔스는 기후 변화로 강수량이 들쭉날쭉하거나 부족해지면서 식량 수급이 원활하지 못하게 되자 자연스럽게 이동을 선택했지요. 새로운 여정은 의도치 않게 인류가 세계 곳곳으로 뻗어 나가는 계기가 되었습니다.

문제는 속도!
- - - - - - - - -

앞서 언급한 것처럼 지구의 기후 변화는 꾸준히 존재했습니다. 지구 평균 기온이 중·장기적으로 조금씩 오르기도 했고, 또 내리기도 했지요. 하지만 과거와 현재의 기후 변화 양상은 한 가지 면에서 뚜렷한 차이를 보입니다. 바로 속도입니다.

기후 변화의 원인은 크게 두 가지로 구분할 수 있습니다. 하나는 자연적 요인이고 다른 하나는 인위적 요인입니다. 자연적 요인에는 지구에 도달하는 태양 에너지, 지구가 태양 주위를 공전하는 동안 나타나는 자전축의 기울기 변화 등이 있습니다. 생각해 보면 인간이 영향을 줄 수 없고, 대처할 수도 없는 자연석 요인은 인류의 탄생 이전부터 イ순했을 것입니다. 따라서 지구의 입장에서 기후 변화는 자연스러운 일입니다. 하지만 오늘날 인류가 맞이한 기후 변화는 과거와 사뭇 다른 양상을 보이고 있습니다. 사람이 만들어 낸 인위적 원인 때문이지요.

　공룡이 멸종한 약 6500만 년 전부터 약 300만 년 전의 신생대 플라이스토세 이전까지의 시기에는 평균 기온이 대체로 지금보다 높았습니다. 이후 신생대 빙기와 간빙기가 교대로 나타나는 과정에서는 평균 기온이 들쭉날쭉한 패턴을 보였고요. 마지막 빙기인 뷔름 빙기 이후 오늘날까지는 전체적으로 기온이 오르는 후빙기에 해당합니다. 후빙기라 기온이 오르는 것은 수긍할 수 있지만, 문제는 산업 혁명 이후 기온의 증가 폭이 매우 크다는 데 있습니다.

인류가 산업화에 성공한 이후의 지구 평균 기온 추이를 보면, 20세기 초반까지만 하더라도 이렇다 할 특이점이 없습니다. 하지만 20세기 중반 이후부터는 눈에 띌 정도로 기온 상승이 매우 가파릅니다. 세계기상기구(WMO)의 보고서에 따르면 특히 2015년에서 2019년까지의 기온 상승 폭은 이전보다 훨씬 가팔랐습니다. 같은 기간 이산화탄소 농도가 큰 폭으로 증가했다는 점은 기후 변화에 인간의 탓이 크다는 사실을 뒷받침하는 유력한 증거입니다.

2018년 여름, 강원도 홍천의 낮 기온이 41℃까지 올랐는데 이는 한국 기상 관측 이래 최고로 높은 기온이었습니다. 홍천의 기록적인 폭염을 어쩌다 한 번인 가벼운 이벤트로 넘겨서는 곤란합니다. 지난 30년 동안 기후와 관련해 평균값과 큰 폭으로 어긋나는 수많은 데이터가 관측되었기 때문입니다. 홍천의 사례는 빠른 기후 변화의 속도를 암시하는 단서 중 하나일 가능성이 높습니다.

기후 위기로 난민이 된 사람들
- - - - - - - - - - - - - - - - - -

난민은 어지러울 난(難), 백성 민(民)을 합한 한자어로, 박해, 전쟁, 테러, 빈곤, 자연재해 등으로 원치 않는 이주를 해야 하는 사람을 뜻합니다. 2021년 말 기준, 세계 난민의 수는 약 9000만 명에 이릅니다. 세계 인구 100명 중 1명은 난민이라는 것이고, 이는 남북한의 인구를 모두 합한 것보다 많습니다. 이토록 많은 사람이 모국을 등지고 탈출을 감행하는 까닭은 일차적으로 불안정한 국가 상황 때문입니다. 전쟁과 분쟁이 주요한 원인이지요. 그런데 최근에는 기후 변화가 적지 않은 영향력을 발휘하고 있습니다. '기후 위기'라고 표현하는 것이 적합할 정도로 인류의 생존과 생활을 위협하는 변화가 일어나고 있기 때문입니다.

기후 위기로 인해 환경이 변하면서 살던 곳을 떠나 난민이 되는 사람들을 '기후 난민'이라고 합니다. 대부분 기후 난민은 기후 위기에 따라 생긴 가뭄, 해수면의 상승, 폭풍 해일 등의 자연재해 탓에 식량과 물 확보에 문제가 생기게 되어 발생합니다. 경제 사정이 어려운 국가들의 경우 기후 위기에 특히 취약합니다. 사회 전반에 걸친 시설 관리나 운영이 매끄럽지 못한 상황에서 기후 위기로 과거와는 비교할 수 없을 정도로 강한 힘을 가진 태풍, 토네이도, 산불이 일어난다면 속절없이 당할 수밖에 없지요.

유엔은 2050년에 이르면 기후 위기에 따른 자연재해로 최대 10억 명의 난민이 발생할 것이라는 보고서를 발표했습니다. 기후 난민의 수가 전 세계 인구의 약 10%에 이를 것이라는 암울한 진단입니다. 기후 난민이 많이 발생할 것으로 예측되는 공간은 당연하게도 기후 변화로 인한 위기감이 높은 곳입니다. 사막화 문제가 심각한 사하라 이남 아프리카와 북부 아프리카, 개발 도상국의 비중이 높고 해안에 인구가 밀집해 있으며, 태풍의 영향권에 빈번하게 드는 남부 및 동남아시아 일대가 특히 그렇습니다. 그러나 길게 보면 기후 위기에 따른 이상 기후는 선진국, 개발 도상국을 가리지 않을 것입니다. 기후 난민은 나라의 경제 수준을 떠나 어디서든 발생할 수 있습니다.

1.5℃라는 과제

기후변화에관한정부간협의체(IPCC)는 지구촌을 향해 기후 위기에 적극적으로 대응할 것을 촉구하고 있습니다. IPCC에 따르면 산업화 이후 인간의 활동으로 오른 기온은 약 1.0℃입니다. 그리고 현재의 추세라면 2030년에서 2052년 사이에 산업화 이전보다 온도가 약 1.5℃ 상승하게 될 것이며 2100년 말에는 최소 3℃ 이상 높아질 것으로 내다보고 있습니다.

지금과 같은 추세라면 해수면 상승이 지속되면서 해안에 밀집한 도시가 위협을 받고, 산불과 사막화로 기후 난민이 더욱 많아질 것입니다. 적도와 저지대가 갈수록 더워지면서 사람과 동식물이 고위도와 고지대를 향해 이동하는 전 지구적 생물 종의 대이동이 일어날지도 모릅니다.

그래서 IPCC는 지구의 평균 온도 상승을 1.5℃로 제한하자고 주장합니다. 물론 1.5℃도 이상적인 수치는 아닙니다. 하지만 2℃가 올랐을 때와 비교하면 일부나마 위협을 막을 수 있지요. 예를 들어 열대 바다의 산호초는 2℃가 오를 경우 99% 이상 사라지지만 1.5℃만 오를 경우 70~90%가 남아 명

18

→ 해수면 상승으로 밀려들어 온 물이 베네치아 도심을 덮치고, 시민들은 발목 높이까지 물이 찬 거리를 걷는 일이 반복되고 있다.

맥을 유지할 수 있다고 합니다. 옥수수나 쌀, 밀 등의 곡물 생산량도 2℃ 때보다 1.5℃ 때 줄어드는 속도가 50% 늦춰지고, 물 부족에 노출되는 인구도 절반으로 감소할 것이라고 합니다. 기후 위기 대응의 핵심은 대표적인 온실가스인 탄소 배출을 줄이는 것입니다. 탄소 감축은 전 지구적인 노력과 실천이 필요한 일입니다. 나아가 눈앞에 닥친 문제에 대처하는 방법도 찾아야 합니다. 예를 들어 수몰 위기에 처한 섬나라 몰디브는 물에 뜨는 인공 섬을 만들어 대비하고 있고, 해수면 상승으로 위기에 몰린 이탈리아의 베네치아 역시 '모세 프로젝트'를 가동해 주변 바다에 거대한 방벽을 세웠습니다. 기후 위기에 따른 재난에 대비할 수 있도록 자본력이 부족한 나라를 경제적 뒷받침해 주는 일도 필요할 것입니다.

한때 기후 변화를 의심하는 사람도 적지 않았지만, 그와 같은 시선이 설 자리는 점점 좁아지고 있습니다. 기후 변화에 따른 기후 위기는 현실적이고도 심각한 세계 문제라는 인식이 더욱 견고해졌습니다. 지구촌의 모든 생명체가 느낄 수준으로 기후 변화의 속도가 빨라졌기 때문입니다.

기후 위기를 지리적으로 바라보기

이 책에서는 지리적인 관점으로 기후 위기와 생물 다양성의 위기를 바라보고자 합니다. 기후 위기는 기후대별로 살펴볼 때 그 심각성이 도드라집니다. 22면의 기후 구분도가 보여 주는 것처럼 지구에는 다양한 기후가 나타납니다. 북반구의 경우 적도를 기준으로 열대, 건조, 온대, 냉대, 한대 기후의 스펙

트럼이 펼쳐집니다. 기후가 달라지는 핵심 요인은 바로 위도입니다. 위도는 지구에 나타나는 다채로운 기후의 방향을 잡아 주는, 배로 치면 조타수와 같은 역할을 합니다. 각 위도대별로는 저마다의 특징이 있기에, 해당 위도대의 예상을 벗어나는 기후 변화는 곧 위기로 이어져 여러 생명에게 큰 위협이 됩니다.

이 책은 열대 기후 지역의 여우원숭이, 건조 기후 지역의 다마가젤 등 각 기후대를 살아가는 동물의 서식 공간을 들여다봅니다. 가령 여우원숭이의 서식 공간인 마다가스카르의 지리적 밑그림에 기후 변화에 따른 이상 기후의 증가와 그로 인한 인간 생활의 변화를 덧칠하면, 여우원숭이가 맞닥뜨린 생존의 문제를 좀 더 입체적으로 볼 수 있습니다. 여러분이 이 책을 통해 실존의 문제를 겪고 있는 멸종 위기 동물들의 삶을 고민해 볼 수 있기를 기대합니다. 동시에 인간에게는 어떤 문제점이 있는지 두루 살피는 기회를 얻기 바랍니다. 인위적인 활동 탓에 변화의 속도가 빨라지고 있는 것이라면 역으로 그 속도를 늦출 수 있는 것도 오직 인류뿐이라는 사실을 기억할 필요가 있습니다.

세계의 기후 구분

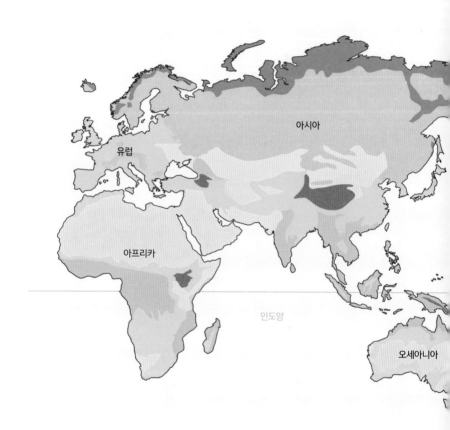

아시아

유럽

아프리카

오세아니아

인도양

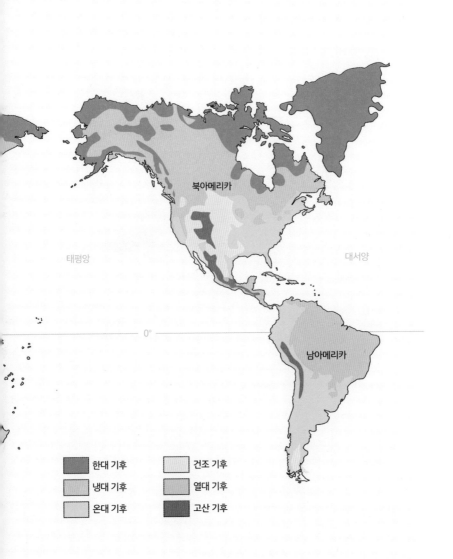

태평양

북아메리카

대서양

0°

남아메리카

한대 기후
냉대 기후
온대 기후

건조 기후
열대 기후
고산 기후

사라진 문명의
경고

이집트, 메소포타미아, 황하, 인더스 문명을 일컬어 '세계 4대 문명의 발상

지'라고 부릅니다. 고대 문명이 꽃핀 시기는 약 1만 5000년 전으로 점차 기

온이 오르고 따뜻한 환경으로 변화한 후빙기입니다. 후빙기 이후 기후 변화

에 따른 사막화 현상이 심해지자 유목과 채집 생활에 익숙해져 있던 인류

는 정착 생활을 시도했습니다. 확실한 식량과 물을 확보할 수 있는 공간에

머무는 게 더 좋다고 판단한 것이지요. 4대 문명의 발상지는 대체로 건조

환경이지만, 하천의 발달로 풍부한 물을 얻을 수 있는 곳입니다. 이집트 문

명은 나일강, 메소포타미아 문명은 티그리스강과 유프라테스강, 황하 문명

은 황하강, 인더스 문명은 인더스강을 끼고 발달했습니다.

　지리적으로는 비옥한 충적 평야에 해당하는 자리인데 물이 주기적으로

범람하거나 지하수가 풍부해 물을 쉽게 뽑아 올릴 수 있는 조건이라, 농경

이 가능하고 사람이 밀집해 살 수 있지요. 예나 지금이나 충적 평야는 대규

모의 식량 생산이 이루어져서 도시를 부양하는 데에 중요한 역할을 합니다.

흥미롭게도 4대 문명의 소멸 역시 기후 변화와 관련되어 있습니다. 4대 문명의 발상지 일대에 기후 변화로 인한 사막화가 진행되거나 극심한 홍수 또는 가뭄이 발생하면서 점차 쇠락해 갔다는 연구 결과가 있습니다. 예를 들어, 3500년 전에 수메르인이 세운 아카드 제국은 메소포타미아 문명의 일부로, 티그리스강과 유프라테스강의 물을 끌어와 농사를 지었습니다. 하지만 어찌 된 노릇인지 강력한 국력을 자랑하던 아카드 제국은 어느 순간 홀연히 자취를 감추고 맙니다. 이에 관해서는 다양한 의견이 있지만, 약 4200년 전부터 300여 년 동안 지속된 건조화가 주된 원인으로 지목되고 있습니다. 고고학자들의 설명에 따르면 가뭄은 북부 지방에서 먼저 시작된 것으로 추정됩니다. 가뭄으로 인해 사람들이 남부 지방으로 이동했고, 인구 증가로 인해 물과 식량이 부족해지면서 아카드 제국의 멸망으로 이어졌다고 합니다. 찬란한 문명도 기후 변화로 없어질 수 있다는 사실은 우리에게 강력한 경고로 다가옵니다.

1

누가 여우원숭이의
숲을 빼앗는 걸까?

안녕? 나는 저 멀리 아프리카 대륙 남동쪽 마다가스카르에 사는 흑백

목도리여우원숭이야. 깍깍! 깍깍! 인간들은 내 울음소리를 무서워하

더라. 음산하다나 뭐라나. 흥! 게다가 내 생김새가 유령이랑 닮았다면

서 자기들 마음대로 '숲속의 유령'이라는 별명도 갖다 붙인 거 있지. 이렇게 귀여운 유령이 세상에 어디 있다고!

여우원숭이는 무려 110여 종에 달하는데, 마다가스카르섬과 주변 섬에서만 살아온 고유종이야. 그런데 말이야, 요즘 난 큰 걱정거리로 잠을 이루지 못하고 있어. 우리가 사는 숲이 빠른 속도로 줄고 있거든. 조금 불편해도 다른 숲으로 옮겨 가면 되니까 처음에는 그럭저럭 견딜 만했어. 하지만 지금은 생존의 위협을 느낄 정도로 숲이 사라지는 속도가 빨라서 두려워. 과학자들은 2050년이 되면 마다가스카르 열대림의 90%가 사라질 것이라는 무시무시한 예측을 내놓기도 했어. 우리 여우원숭이 110여 종 중 무려 90% 가까이가 '멸종 위기종'이라는 사실을 알고 있니? 우리에게는 숲이 필요해. 숲이 사라지는 것을 막으려면 어떻게 해야 할까?

다채로운 기후, 다양한 삶의 모습

마다가스카르섬은 세계에서 네 번째로 큰 섬입니다. 한반도보다 대략 2.5배 정도 더 크지요. 섬의 면적이 넓고, 남북으로 긴 모양이라 다양한 기후가 나타납니다. 한반도가 남북으로 긴 덕에 여러 기후 특징을 보이는 것을 떠올리면 이해하기 쉬울 거예요. 가령 제주도는 겨울에도 영하로 거의 내려가지 않지만, 함경도 북쪽 끝 중국과 맞닿아 있는 국경 지역은 겨울에 영하 20℃까지도 내려가요. 남쪽 바다와 가까운 제주도는 여름철 비가 많이 오지만, 북쪽 접경 지역은 대륙과 가까운 덕에 상대적으로 비가 적게 내리고요. 마다가스카르섬은 적도에서 멀지 않은 남위 12~25°에 위치하고 있어서 기온은 1년 내내 대체로 온화하고 지역에 따라 열대 습윤 기후는 물론, 반건조 기후와 온대 기후까지 두루 나타납니다.

섬에는 여우원숭이와 바오바브나무를 비롯해 다양한 동식물이 살고 있습니다. 마다가스카르섬의 동식물 가운데 약 90%는 세계 다른 곳에는 없는 고유종입니다.

기후는 그곳에 사는 동식물에 큰 영향을 줍니다. 기후가 다

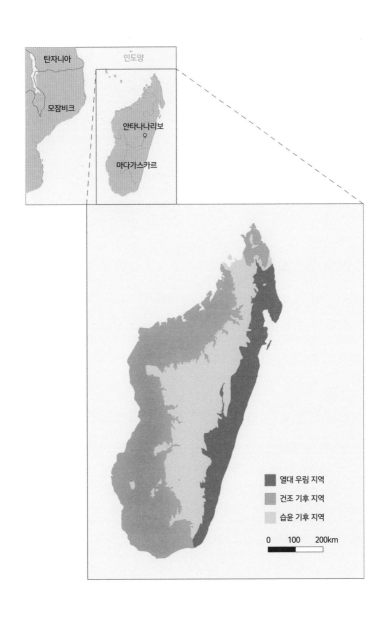

탄자니아	인도양
모잠비크	
	안타나나리보
	마다가스카르

■ 열대 우림 지역
건조 기후 지역
습윤 기후 지역

0   100   200km

르면 자연환경이 다르고, 생존 조건 또한 달라집니다. 이에 따라 동식물은 다양한 모습으로 진화하게 되지요. 여우원숭이의 사례가 그렇습니다. 여우원숭이는 마다가스카르섬 곳곳에 살고 있는데요, 기후에 따라 각기 다른 모습으로 진화한 것을 확인할 수 있습니다.

마다가스카르섬의 반건조 지역에는 알락꼬리여우원숭이가 생활합니다. 알락꼬리여우원숭이는 여우원숭이계의 마스코트입니다. 일반적으로 여우원숭이를 생각할 때 떠올리는 이미지가 바로 알락꼬리여우원숭이거든요. 길고 가느다란 꼬리에는 희고 검은 띠가 교대로 나타나 아름답고, 얼굴 또한 귀엽고 앙증맞죠.

동부 해안의 열대 우림 지역의 높은 산지 주변에는 앞에서 우리에게 인사를 건넸던 흑백목도리여우원숭이가 삽니다. 흑백목도리여우원숭이는 이름 그대로 얼굴은 검고 목에는 마치 흰 목도리를 두른 것처럼 아름다운 털이 자랍니다. 현존하는 여우원숭이 중 덩치와 목소리가 가장 큰 것으로 알려져 있어요. 그래서일까요? 사람들에게 쉽게 노출되어 사냥되는 경우가 많았다고 합니다. 흑백목도리여우원숭이는 마다가스

→ ① 알락꼬리여우원숭이 ② 동부작은대나무여우원숭이 ③ 붉은배여우원숭이

카르섬의 여우원숭이 중 가장 심각한 수준의 멸종 위기에 처해 있다고 해요. 한편 동부 열대 우림 지역의 낮은 지대에는 붉은배여우원숭이가, 동쪽과 서쪽 해안의 대나무가 자라는 곳에는 동부작은대나무여우원숭이가 삽니다. 이처럼 여우원숭이들은 지리적 환경에 맞게 먹이를 달리하며 제각각의 모습으로 진화해 왔습니다.

마다가스카르섬에서 특히 주목해야 할 곳은 열대 기후 지역입니다. 열대(熱帶)는 '더운 지역이 띠처럼 나타나는 공간'이라는 뜻입니다. 지구를 덥게 만드는 것은 태양입니다. 열대 기후 지역은 태양 에너지를 집중적으로 받는 적도 주변에서만 나타납니다. 그 범위를 구체적으로 잡아 보면, 적도를 기준으로 위아래 약 20° 사이 지역에 해당해요. 마다가스카르섬의 대부분은 그 범위에 속하지요. 열대 기후는 1년 중 가장 추운 달의 평균 기온이 18℃ 이상으로 높고, 지표의 수증기가 증발하는 양도 많아 비구름이 자주 만들어져 습합니다. 동식물이 서식하기에 좋은 환경이지요.

열대 기후 중에서도 연중 덥고 습한 날씨 덕에 나무가 빼곡하게 우거진 열대림이 발달한 곳이 바로 열대 우림 기후 지역입니다. '열대 우림 기후'는 조건이 까다롭습니다. 1년 내내 월평균 강수량이 60mm 이상으로 일정해야 하고, 앞서 살펴보았듯 가장 추운 달의 평균 기온이 18℃ 이상으로 높아야 하거든요. 이와 같은 조건을 만족하는 열대 우림 기후 지역은 흥미롭게도 마다가스카르섬의 동쪽 해안을 따라 남북으로 좁고 길게 발달해 있습니다. 그 까닭은 비구름이 산지를 만나 비를 내리는 지형성 강수 때문입니다. 마다가스카르섬의 남북으로 길게 발달한 산지는 동쪽 바다에서 다가오는 비구름을 부드럽게 받아 내 해안을 따라 비가 내리도록 합니다. 동부 해안 지역에는 특히 11월에서 3월 사이에 평균 3500mm 정도의 많은 비가 내려요. 이는 우리나라의 1년 평균 강수량의 약 3배에 달하는 양이랍니다.

이쯤에서 마다가스카르섬이 남반구의 섬이라는 것을 짚고 넘어가면 좋겠습니다. 북반구와 남반구의 가장 큰 차이점은 계절이 반대라는 것이지요. 북반구인 우리나라의 입장에서 겨울에 해당하는 11~3월에 이 지역에 비가 많이 내리는 까닭은 이때가 남반구의 여름이기 때문입니다. 마다가스카르섬은 세계 5대양 중 하나인 인도양에 위치해 있습니다. 6~9월

즈음에 인도에 비를 몰고 오는 덥고 습한 공기 덩어리가 적도
와 가까운 북반구의 인도양에서 만들어지는 반면, 11~3월에
마다가스카르섬의 북동 해안을 찾는 덥고 습한 공기 덩어리
는 남반구의 인도양에서 만들어집니다. 이처럼 적도 주변에
서 생성된 덥고 습한 공기 덩어리는 계절에 따라 공간을 달리
하여 영향을 주는 신비로운 존재입니다.

마다가스카르에 찾아온 기후 위기

마다가스카르섬은 최근 몇 년간 지속된 가뭄으로 몸살을 앓
고 있습니다. 마다가스카르섬의 극심한 가뭄은 세계적으로
진행 중인 기후 위기와 무관하지 않습니다. 전 지구적인 기후
위기는 지역적으로 기온과 강수량이 한쪽으로 치우치는 결
과를 만들어 냈거든요. 어떤 곳은 극심한 가뭄에 시달리는데,
또 다른 곳은 극심한 홍수에 시달리는 식이지요. 마다가스카
르섬의 남부 지역은 최근 5년 연속 평균 이하의 강수량을 보
였습니다.

각각의 기후에는 그에 맞는 작물이 있습니다. 그동안의 기후 환경에 적응하여 옥수수와 카사바 같은 작물을 심어 키우던 사람들은 갑작스러운 기후 변화에 속수무책으로 당하고 있습니다. 유엔세계식량계획(WFP)과 식량농업기구(FAO)에 따르면 2021년 기준으로 마다가스카르 인구 중 약 114만 명이 심각한 수준의 식량 불안에 직면해 있다고 합니다. '기후 변화는 재앙'이라는 말을 실감하게 하는 수치입니다. 가난한 나라일수록 그 재앙에 더 취약할 수밖에 없습니다. 마다가스카르는 기후 위기의 주요한 원인인 탄소 배출에 끼친 영향이 매우 적은데도, 큰 피해를 입고 있다는 점은 아이러니합니다. 기후 위기에 책임이 있는 국가들이 마다가스카르에 재정적 지원과 기술적 지원을 해야 한다는 주장이 심심치 않게 들리는 이유입니다.

한편, 마다가스카르섬의 열대림이 빠른 속도로 줄어들고 있다는 점도 큰 문제입니다. 아치나나나 열대 우림이 대표적이지요. 이곳은 2007년 유네스코 세계 자연 유산으로 지정되었을 정도로 생태적인 면에서 중요성이 큰 곳이지만 화전 농업, 불법 채굴, 목초지 개간, 불법 벌목, 식량 마련을 위한 사냥 등으로 위협받고 있습니다. 특히 열대 우림에 사는 여우원숭이들은 서식지를 침해당할 뿐 아니라, 사냥의 대상이 되고 있습니다.

그 배경에는 마다가스카르 사람들의 고달픈 삶이 있습니다. 마다가스카르는 19세기 말부터 20세기 중반까지 프랑스의 식민 지배를 받았습니다. 1960년 독립을 얻어 냈지만, 오랜 식민 지배 탓에 경제적 기반이 현저히 부족했지요. 당장 먹고사는 문제가 급했던 사람들은 열대림을 태워 없애고, 그 자리에 작물을 심는 화전 농업으로 생계를 유지했습니다. 비싼 값에 팔리는 나무인 자단이나 흑단을 불법으로 벌목하기도 했고요. 기후 변화로 인해 농사가 어렵게 되면서 열대림에 대한 사람들의 의존도는 점점 높아지고 있습니다. 이로 인해 마다가스카르섬의 숲은 빠르게 사라지고 있지요.

위성 사진을 통해 마다가스카르섬의 숲 파괴 정도를 주기적으로 확인해 보면 해마다 사라지는 숲이 약 51만ha에 달한다고 합니다. 이는 서울 면적의 9배에 가까운 크기이지요.

지구를 숨 쉬게 하는 열대림

열대림은 '지구의 허파'라는 별명이 있습니다. 허파의 기능은 숨을 쉬는 데 있습니다. 숨을 쉬는 행위는 곧 살아 있다는 증거이지요. 사람은 공기 중의 산소를 취하고 이산화탄소를 내놓습니다. 사람의 몸에 들어온 산소는 영양소와 만나 에너지가 됩니다. '지구의 허파'인 열대림도 광합성 작용을 통해 기능적으로 비슷한 역할을 합니다. 열대림은 대기 중의 이산화탄소를 흡수해 저장하고, 그 대신 산소를 내놓습니다. 사람과 비교하면 교환하는 물질이 반대이지만, 지구의 입장에선 사람의 호흡처럼 매우 중요합니다.

열대림이 흡수하는 이산화탄소는 지구 평균 기온을 높이는 대표적인 온실가스입니다. 최근의 연구에 따르면 2010년대 천연의 열대림이 흡수한 이산화탄소의 양은 영국, 독일, 프랑스, 캐나다가 10년 동안 배출한 이산화탄소의 양과 맞먹는다고 합니다. 기후 변화와 관련해 지구의 평균 기온을 유지하는 데 열대림이 매우 중요한 역할을 하는 것이지요.

열대림이 가진 또 다른 별명은 '생물 종 다양성 보고'입니다. 보고(寶庫)는 귀중한 물건을 간직하는 보물 창고라는 뜻이에요. 열대림이 간직한 소중한 보물은 다름 아닌 그곳에 기대어 사는 많은 동식물입니다. 열대림은 꽤 오랜 시간 동안 생명에 유리한 환경을 유지하면서 생물 종 다양성이 높은 공간이 되었습니다. 열대림을 $100m^2$로 잘라 내면, 그 안에는 평균 750여 종의 나무와 1500여 종의 식물이 있다고 해요.

'침팬지 박사'로 유명한 제인 구달은 생물 종 다양성을 거미의 그물망에 비유한 바 있습니다. 아무리 견고한 그물망이라도 거미줄이 1~2개씩 끊어지면 어느 순간 붕괴되는 것처럼, '생명의 그물망'도 빠른 시간에 절멸할 수 있다는 것이지요. 생물 종 다양성 유지는 자연이 인간에게 깨끗한 물을 주고, 병을 고칠 약재를 선사하며, 지구상의 모든 생명체가 필요로 하는 공기 중의 질소와 토양의 인을 공급하는 데 있어 중요합니다. 다양한 생물의 삶을 지키는 것은 결국 우리 인류의 삶을 지키는 일이기도 하지요.

열대림 파괴는 마다가스카르만의 문제는 아닙니다. 세계지도에서 적도 주변의 짙푸른 녹색 숲을 찾아 해당 지역의 이름과 열대림 파괴를 함께 검색해 보세요. 브라질의 아마존 열대림 파괴, 인도네시아의 열대림 파괴를 검색하는 식으로요. 오늘날 열대림 지역 대부분은 인간의 훼손으로 몸살을 앓고 있어요. 콩고 분지의 콜탄 채취, 인도네시아 보르네오섬의 기름야자 재배, 브라질 아마존의 콩 재배 등이 대표적입니다.

아프리카 콩고 민주 공화국은 세계적인 콜탄 산지입니다. 콜탄은 콜럼바이트-탄타라이트의 앞 글자를 따서 지은 이름 인데요, 스마트폰을 비롯한 최첨단 기기를 만드는 데 꼭 필요 해 가치가 매우 높은 자원입니다. 세계적으로 수요가 많은 자 원이 특정 지역에 몰려 있다 보니, 해당 국가에서는 자원 채 굴을 통한 수익의 가치를 열대림 보존의 가치보다 중요하게 여기곤 합니다.

장소를 옮겨 동남아시아의 인도네시아 보르네오섬에 가면 끝없이 이어진 거대한 팜유 농장을 만납니다. 팜유는 기름야 자 열매를 압착해서 만든 식용 기름입니다. 실생활에서 팜유 를 직접 구매할 일은 없지만, 라면, 과자, 비누, 화장품 등에 자주 쓰이니 실은 우리 삶에 깊숙하게 들어와 있지요. 기름 야자의 가장 큰 특징은 콩, 옥수수처럼 식물성 기름을 채취할 수 있는 작물이면서 면적 대비 높은 생산 효율을 자랑한다는

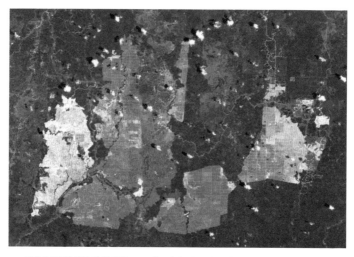

→ 유럽우주국(ESA)이 촬영한 보르네오섬의 열대림. 곳곳이 기름야자나무 경작지로 개간되어 있다.

점입니다. 그래서 값이 싸고 대량으로 생산할 경우 이익이 상당하지요. 인도네시아 열대림에 기름야자만 빽빽하게 심어지는 이유이기도 합니다. 파푸아뉴기니에서도 급속도로 사라져 가는 열대림을 기름야자나무가 대체하고 있습니다. 열대림 개발이 가장 먼저 이루어진 브라질 아마존 지역의 콩 재배도 이와 비슷한 맥락으로 이해할 수 있습니다.

사실 대부분의 국가에서 열대림 파괴는 법으로 금지되어

있지만, 숲이 워낙 넓은 탓에 꼼꼼한 감시가 어려워 악의적인 파괴를 막기 힘들다고 합니다. 인공위성으로 점검해 보면, 특정 기업이 일부러 불을 내고 있음을 미루어 짐작할 수 있습니다. 인도네시아 파푸아 지역의 열대림을 분석한 결과, 불이 난 지점에 일정한 패턴이 있다는 것이 확인되었지요. 자연 상태에서 불이 난다면 일정한 규칙성을 찾기는 어렵겠지요?

혹시 나무를 심으면 열대림을 복원할 수 있을까요? 아쉽게도 열대림은 복원이 힘듭니다. 열대림은 그야말로 오랜 시간이 흐르면서 자연스럽게 조성된 숲이니까요. 기름야자나무나 열대 과일나무를 심어 단일한 수종의 숲을 연출할 수는 있겠지만, 우리는 그 숲을 열대림이라 부르지 않습니다. 이미 수많은 동식물이 사라지고 없는 숲은 열대림이 아니기 때문입니다.

많은 양의 이산화탄소를 흡수하는 열대림이 파괴되면 기후 변화의 속도는 더욱 빨라질 것입니다. 여우원숭이의 위기 상황은 우리가 마주하게 될 미래일지 모릅니다.

여우원숭이는 어쩌다 섬에 갇혔을까?

마다가스카르가 섬이 된 결정적인 요인은 '대륙의 이동'입니다. 대륙을 움직이게 하는 것은 지구 중심에서 강력한 에너지를 만드는 '핵'입니다. 핵에서 만들어진 에너지는 상대적으로 온도가 낮은 지구의 껍데기 부분으로 나아가려 해요. 이러한 움직임은 맨틀이라는 부분에서 나타나기에 '맨틀 대류'라고 부릅니다. 그 과정에서 지구 표면과 비교적 가까운 거리에 있는 지각이 이리저리 움직이면서, 화산 폭발이나 지진 같은 자연재해가 발생하기도 하고요.

아프리카 대륙과 붙어 있던 마다가스카르섬은 '맨틀 대류'가 일어나 분리되었어요. 지도를 펴 보세요. 아프리카 대륙과 마다가스카르섬이 퍼즐 조각처럼 들어맞는 것을 확인할 수 있을 거예요. 실제로 마다가스카르섬은 거대한 대륙이었던 판게아의 중심에 있다가, 서서히 분리되어 약 8800만 년 전부터 독립적으로 남은 땅이랍니다.

그런데 여우원숭이는 어떻게 마다가스카르에만 존재하는 걸까요? 잠깐 상상력을 발휘해 아프리카 대륙에 살던 여우원숭이의 조상을 떠올려 보세요. 이들은 어느 날, 뜻하지 않은 홍수로 물에 떠내려가면서 가까스로 잎사귀가 풍성한 통나무에 올라탑니다. 이 통나무는 우연하게도 바닷물의 흐름을 타고 여우원숭이의 조상이 굶어 죽기 전에 마다가스카르섬에 이릅니다. 마다가스카르섬에 도착한 여우원숭이의 조상이 암수 한 쌍이거나, 때마침 임신 중인 암컷이었다면 어땠을까요? 억지스럽다고 생각할 수도 있지만, 마다가스카르섬의 고유종인 여우원숭이의 존재는 이와 같은 우연적인 상황을 가정해야만 설명할 수 있답니다. 실제로 2020년 여름에 전라남도 구례군에서 폭우에 떠내려간 암소가 55km 떨어진 경상남도 남해군의 무인도에서 발견된 일을 생각해 보면, 아주 허황된 상상만은 아닌 것 같습니다.

기후 토론 ✏

열대림을
보존해야 할까?

보존해야 한다

1. 온실가스를 흡수한다

열대림을 이루는 무수히 많은 나무는 광합성을 한다. 광합성 작용은 대기 중의 이산화탄소를 받아들이고, 산소를 내보내기 때문에 열대림을 보존하면 이산화 탄소를 줄일 수 있고 결국 기후 변화의 속도를 늦추는 데 도움이 된다. 아마존 열대림의 경우 전 세계에 공급되는 산소의 약 20%를 만들고 있다.

2. 생물 다양성의 보고이다

열대림은 세계에서 단위 면적당 생물 다양성이 가장 높은 곳이다. 열대림은 박테리아와 곰팡이부터 동식물까지, 살아 있는 것으로 간주되는 모든 생물의 보고이다. 오랜 시간 동안 자연적으로 만들어진 다종다양한 생태계 시스템을 유지하는 일은 곧 건강한 지구 환경을 유지하는 지름길이다.

3. 의약 분야에 큰 도움을 준다

제약 회사는 열대림에서 질병 치료에 이용할 수 있는 새로운 성분을 찾아 약으로 만든다. 세계인의 주요 사망 원인인 암을 치료하기 위한 성분 중에는 열대림에서 채취한 것이 많다. 오늘날의 의약 성분 중 약 25%는 열대림에서 추출한 것이다.

개발해야 한다

1. 경제적으로 이점이 큰 공간이 확보된다

열대림을 베어 내고 그 공간을 개발하면 새로운 길을 내고 도시를 만들 수 있다.
효율적인 개발을 통해 경제적으로 낙후된 지역의 생산성을 높일 수 있다.

2. 일자리를 창출한다

열대림을 주기적으로 벌목하면 목재 관련 산업에 종사하는 많은 노동자의 생계
에 도움을 줄 수 있다. 목재를 활용한 산업 분야가 활기를 띠면, 관련된 생산 공
장에도 일자리가 생겨 더 많은 노동자들이 이익을 얻게 될 것이다.

3. 더 많은 농축산물을 얻을 수 있다

숲을 벌목해 플랜테이션 농장으로 가꿀 수도 있다. 기름야자나무 등 수익성이
높은 작물을 심는다면 경제적으로 큰 이익을 얻게 된다. 벌목으로 넓고 평탄해
진 지역을 대규모 방목장으로 바꿔 가축을 기른다면 농업 이외의 추가 소득을
기대할 수도 있다.

고양이의 여름이
자꾸 더워지는 이유

야옹! 나는 서울의 어느 골목에 사는 고양이! 우리 고양이들은 원래

야생 동물이었지만 1만 년쯤 전부터 인간과 어울려 살아왔어. 그 무

렵 인간들이 농사를 지으면서 남은 곡물을 보관하자 쥐들이 먹이를

찾아 모여들었고, 우리도 쥐를 찾아 인간들 근처에 머물게 되었지. 인간들은 우리가 쥐를 잡는 것을 반가워하며 우리를 반려동물로 맞아들였어. 하지만 모든 고양이가 집고양이가 된 것은 아니야. 어떤 고양이는 길들여지지 않기를 선택했지. 때로 길을 잃거나 인간에게 버려지는 경우도 있었고. 그렇게 길고양이로 살게 된 우리는 여전히 인간들 근처에서 지내고 있어. 여기에 먹이와 쉴 곳이 있으니까.

인간들은 우리와 도시에서 함께 사는 것을 불편해하더라. 시끄럽게 운다고 비난하고, 쓰레기봉투를 뜯어 지저분하게 만든다고 투덜대지. 제일 시끄럽고 지저분한 것은 실은 자기들이면서 말이야. 인간들은 우리를 중성화시키며 개체수를 조절하고 있어. 함께 살아가려면 필요한 일이겠지만 당하는 입장에선 그리 유쾌하지만은 않아. 더 큰 문제는 아파트 위주의 재개발로 도시 속 우리의 서식지가 빠르게 줄고 있다는 거야. 게다가 갈수록 더운 여름도 우리를 괴롭게 하지. 생각해 보렴. 털로 중무장한 우리에게 뜨거운 여름이 어떨지 말이야.

뜨거운 섬이 된 도시

도시는 만원입니다. 온통 사람과 자동차, 고층 빌딩과 아파트로 빽빽하지요. 도시는 사람과 물자가 집중되면서 만들어진 삶터로, 농촌과는 완전히 다른 경관을 연출합니다. 자연환경을 최대한 유지하면서 터전을 가꾸는 공간이 농촌이라면, 도시는 자연환경을 콘크리트, 아스팔트와 같은 인공 환경으로 바꾸어 나가면서 터전을 일궈 내지요. 도시에 거주하는 인구가 증가하면 생필품을 만드는 공장이 들어서거나 관공서, 은행, 각종 상업 시설이 들어섭니다. 일자리가 많고 생활이 편리한 도시는 사람을 모으는 매력적인 공간이 되어 갑니다. 이렇듯 사람이 도시로 모여드는 과정을 일컬어 도시화라고 합니다.

　도시화를 이야기할 때 가장 보편적으로 쓰이는 개념은 도시화율입니다. 도시화율은 한 나라의 전체 인구 중 도시 지역에 거주하는 인구의 비중을 백분율(%)로 나타낸 값입니다. 가령 한 나라의 도시화율이 50%라면, 해당 나라 인구 전체 중 절반이 도시에 거주한다는 뜻이지요.

　우리나라의 도시화율은 2021년 기준 약 92%로 세계적으로

도 매우 높은 수준입니다. 이는 국토교통부가 도시 지역과 비도시 지역을 구분하여 산출한 값입니다. 어디에서부터 어디까지를 도시로 볼 것인가,라는 문제가 남지만 92%라는 수치를 통해 사람들이 도시라는 생활 공간에 얼마나 몰려 있는지 체감할 수 있습니다.

서울은 크기와 인구 면에서 세계적인 규모의 도시입니다. 전체 면적 중 보존을 위해 남겨 둔 녹지 면적 25%를 제외하면, 대부분 인공 환경일 정도로 도시화가 이루어져 있습니다. 집이 빼곡하게 들어서 있는 모습, 교통이 혼잡해 자동차 배기가스 매연이 자욱한 모습, 하루 동안 사람들이 배출한 쓰레기가 무더기로 쌓여 있는 모습 등은 어느새 서울을 대표하는 이미지가 되었지요. 이 모든 일은 좁은 공간에 많은 사람이 모여 살면서 만들어진 결과입니다. 이렇듯 과도한 밀집과 개발이 이루어지면 다양한 문제가 나타납니다. 그중 이번 장에서 다룰 내용은 바로 도시 열섬 현상입니다.

도시 열섬 현상은 쉽게 말해 도시의 기온이 주변 지역보다 높게 나타나는 현상입니다. 마치 바다에 떠 있는 섬처럼 도시가 열로 가득한 섬 같다는 뜻이지요. 도시마다 그리고 기후대

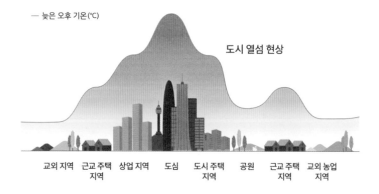

— 늦은 오후 기온(℃)

도시 열섬 현상

교외 지역   근교 주택   상업 지역   도심   도시 주택   공원   근교 주택   교외 농업
              지역   지역   지역   지역

마다 조금씩 차이가 있지만, 도시 지역은 농촌 지역보다 대체
로 평균 기온이 2~5℃ 정도 높습니다. 도시 열섬 현상은 도시
에서 생긴 열이 도시 밖으로 잘 빠져나가지 못하고 머물러 있
어서 생깁니다. 도시에는 도로와 빌딩이 많죠? 도로의 아스
팔트와 건물을 감싼 콘크리트, 벽돌은 대부분 어두운 색깔인
데요, 어두운 색깔의 물체는 열을 흡수하는 성질이 강합니다.
한여름에 흰색 티셔츠보다 검은색 티셔츠를 입었을 때가 더
더운 것도 이 때문이지요.

　고층 빌딩이 많은 도시는 바람이 잘 통하지 않는다는 문제
도 있습니다. 따라서 열기가 빠져나가기 힘들지요. 게다가 한

여름 건물 각층마다 켜켜이 쌓인 에어컨 실외기는 뜨거운 열
기를 증폭시키는 역할을 합니다. 인공 열기를 자연의 바람으
로 내보내지 못하니 도시는 더 뜨거워질 수밖에 없어요.

도시에 숲과 흙이 별로 없다는 점도 한몫합니다. 숲과 흙은
수분을 수증기로 만들어 공기 중으로 배출하는 증산 작용을
하는데 그 과정에서 공기의 열을 빼앗아 가기 때문에, 증산
작용이 일어나면 주변 온도를 낮추는 효과가 있습니다. 한여
름 빌딩으로 둘러싸인 서울 강남의 테헤란로를 걷다가 그 곁
의 선정릉 숲길을 걸어 보면, 증산 효과가 얼마나 위력적인지
실감할 수 있지요.

길고양이의 삶이 대체로 고달프지만, 여름에 특히 더 힘든
것은 이 때문입니다. 사람들은 에어컨이 있는 실내로 대피할
수라도 있지만 길고양이는 꼼짝없이 바깥의 더위를 감당해
야 하지요. 도시에서는 더위를 식힐 수 있는 물웅덩이나 나무
그늘을 찾기 힘듭니다. 길고양이로서는 좁은 담벼락 사이나
주차된 차 밑에 들어가 뜨거운 여름을 나는 게 최선입니다.
더운 날씨는 마실 만한 물도 증발시켜 버립니다. 결국 길고양
이들은 열을 잘 식힐 수 없어 열사병에 시달리게 되지요.

→ 뉴욕의 센트럴 파크(위), 서울 테헤란로 근처의 선정릉(아래) 등 도심 속의 녹지는 열섬 현상을 완화하는 데 큰 역할을 한다.

도시가 커지면 더위도 커진다

인구가 밀집한 도시, 그중에서도 인구 1000만 명 이상이 모여 사는 도시를 메가 시티라고 부릅니다. 유엔은 2030년 세계의 도시화율이 약 60%에 이를 것으로 보고 있습니다. 전 세계 인구 10명 중 6명이 도시에 살게 될 거라는 뜻입니다. 이런 도시화 추세에 따라 세계의 메가 시티 역시 2018년 33개에서 2030년 43개로 증가할 것으로 예상됩니다.

유엔이 전망한 메가 시티의 수를 보면 한 가지 흥미로운 점이 눈에 띕니다. 메가 시티는 유럽, 앵글로아메리카 등 일찍부터 산업화를 이루어 온 대륙보다 아시아, 라틴아메리카, 아프리카 등 급격한 산업화를 이룬 대륙에 더 많다는 것이지요. 18, 19세기부터 오랜 시간에 걸쳐 성장한 도시는 여러 시행착오를 바탕으로 인구의 밀집을 적절하게 관리하고 분산하는 데 에너지를 쏟을 수 있었던 반면, 주로 20세기 이후에 급격하게 성장한 도시는 그럴 만한 여유가 부족했기 때문이 아닐까 추측해 봅니다.

일본의 도쿄 일대, 중국의 상하이 일대, 인도의 델리 일대

그리고 대한민국의 서울 일대는 세계적인 메가 시티입니다. 이들 도시 지역에는 인구 2000만 명 이상이 모여 살고 있습니다. 메가 시티에는 거대한 인구를 뒷받침하기 위한 교통망이 거미줄처럼 연결되어 있고, 주거 시설과 상업 시설이 고도로 밀집해 있습니다. 급히 먹은 밥이 체한다고, 인구가 급격히 도시로 몰려드는 현상은 열섬 현상에 따른 도시 기후 문제를 낳았습니다.

메가 시티의 열섬 현상의 심각성을 단적으로 보여 주는 사례는 2021년 여름에 치러진 2020 도쿄 올림픽입니다. 테니스, 트라이애슬론, 비치발리볼, 양궁, 경보, 마라톤 등 야외에서 치러진 많은 경기에서 체감 온도 약 39℃의 높은 기온을 견디지 못해 의식을 잃거나 구토를 하는 선수가 속출했습니다. 폭염에 도시 열섬 현상이 더해져 그야말로 살인적인 더위가 기승을 부린 탓입니다.

도쿄도의 인구는 2020년 기준으로 약 3800만 명입니다. 여기서 말하는 도쿄도는 도쿄시를 중심으로 펼쳐진 거대 도시권을 뜻합니다. 2020년 기준 서울을 중심으로 펼쳐진 수도권의 인구가 대한민국 인구 절반에 이르는 약 2600만 명이라는

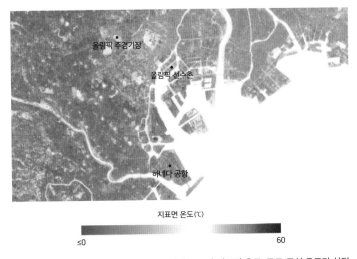

올림픽 주경기장

올림픽 선수촌

하네다 공항

지표면 온도(℃)

≤0   60

→ 2019년 미국항공우주국(NASA)이 관찰한 도쿄의 지표면 온도. 도쿄 도심 온도가 상당히 높은 것을 확인할 수 있다.

점을 생각하면 도쿄도의 인구 규모가 얼마나 큰지 알 수 있지요. 도쿄도의 인구는 캐나다 전체 인구와 비슷할 정도예요. 이처럼 많은 사람이 좁은 공간에 모여 살면서 도쿄의 열섬 현상은 더욱 심각해지고 있습니다. 도쿄의 연중 폭염 횟수를 보면 1960년대에는 35℃ 이상의 더위가 연평균 13일 동안 기록되었지만, 2010년대에는 2배 이상인 27일을 기록했습니다.

도쿄 올림픽 사태를 계기로 하계 올림픽의 개최 시기를 바꿔야 한다는 의견도 여러 곳에서 나왔습니다. 하계 올림픽은 4년에 한 번, 대체로 8월에 큰 도시에서 치러진다는 것을 고려하면 충분히 일리가 있는 의견입니다.

취약 계층에게는 더 두려운 여름

하계 올림픽 개최 시기를 가을로 바꾸는 것은 오히려 큰 문제가 아닙니다. 정말 중요한 것은 도시 열섬 현상이 기후 위기에 따른 폭염과 맞물리면서 사람의 생명을 위협할 정도가 되었다는 사실이지요.

2018년 서울은 역대 최고치의 폭염 일수를 기록했습니다. 시야를 넓히면 2018년 여름 폭염은 서울을 넘어 전 지구적인 이슈였습니다. 당시 북반구의 주요 메가 시티는 물론 유럽과 북미 지역까지 넓은 범위에 걸쳐 강력한 폭염이 지속되었거든요. 중국 베이징은 4월부터 낮 최고 기온이 30℃를 넘겼고, 캐나다의 퀘벡주에는 147년 만에 최악의 폭염이 찾아왔습니다. 그리스에서도 열사병과 대기 건조에 따른 산불이 문제가 되었고, 스웨덴은 최악의 가뭄과 산불을 겪었습니다. 특히 북극권에 속하는 스칸디나비아반도에서 기록된 낮 최고 33℃의 기온은 기존의 통념을 깨는 폭염이었습니다. 이러한 현상은 기후 위기에 따른 여름철 평균 기온 상승에 도시 열섬 현상이 가세하면서 대기가 오래 정체하여 극심한 더위가 유지된 탓이 큽니다.

도시 열섬 현상이 심해지면 저녁부터 새벽까지 최저 기온이 25℃ 이하로 내려가지 않는 열대야가 기승을 부립니다. 시원한 밤공기가 드리워져야 할 시간에 한낮처럼 찜통더위가 계속되는 것이죠. 기상청에 따르면 1973년부터 2020년까지 우리나라의 평균 폭염 일수는 10.1일, 2011년부터 2020년까지의 10년간 평균 폭염 일수는 14.0일입니다. 최근 들어 폭염 일수가 4일 정도 증가한 것을 알 수 있죠. 폭염이 늘면 열대야도 늡니다. 1970년대 평균 4.2일이던 열대야 일수는 2010년대 들어 평균 9.0일로 2배 가까이 늘어났습니다. 강력한 열대야는 사람이 쉽게 잠들지 못하도록 만듭니다. 찜통더위로 밤새 잠을 뒤척이다 아침이 오면, 다시 폭염 속에서 일상생활을 이어가야 하니 체력적으로 여간 힘든 일이 아닙니다.

이렇게 한낮의 폭염과 한밤의 열대야가 지속되면 사망자가 생기기도 합니다. 최근의 한 연구는 2040년 서울에서 폭염으로 사망하는 사람이 인구 10만 명당 1.5명이 될 것이라고 예측했습니다. 폭염과 열대야의 위협에는 사회 경제적으로 어려운 사람들이 더 취약할 가능성이 높습니다. 집에 에어컨이 없고 혼자 사는 가난한 노인들이 특히 위험하겠지요.

이러한 문제는 다른 나라에서도 비슷하게 나타나는 현상입니다. 미국의 한 연구팀은 미국의 175개 주요 도시의 위성 영상을 분석한 결과 유럽계 미국인보다 아프리카계, 히스패닉 및 라틴계, 아시아계 미국인이 열섬 현상에 많이 노출되어 있다는 점을 밝혀냈습니다. 또한 저소득층의 경우 인종과 상관없이 다른 소득층에 비해 열섬 현상에 더 많이 노출되었다고 합니다. 일본 도쿄도는 2012~2016년 동안 한밤에 열사병으로 사망한 사람들을 분석했는데, 65세 이상 노인이 80%를 차지했고 이 중 80%는 냉방기를 사용하지 않았던 것으로 드러났습니다.

소득이 적은 가구는 에어컨이 없는 경우가 많고, 에어컨이 있더라도 비싼 전기료 탓에 마음껏 사용하기가 어렵습니다.

앞서 이야기했듯이 숲과 흙은 증산 작용을 통해 기온을 낮추니, 녹지가 많은 환경이 더 쾌적하기 마련인데 이런 곳은 많은 사람이 선호하기 때문에 집값이 높은 경우가 많습니다. 그러니 취약 계층은 공원 등의 녹지 공간이 부족한 곳에서 살 확률이 높습니다.

열섬 현상이 바꾼 도시의 기후

도시 열섬 현상은 그 자체로 '도시 열섬 현상'을 더욱 심하게 합니다. 무슨 뜻일까요? 한낮의 폭염과 잠을 이루지 못하게 하는 열대야를 극복하기 위해 여름철 도시의 에어컨은 쉬지 않고 돌아갑니다. 에어컨을 많이 쓰면 전기 사용량이 늘어나 발전소가 더 열심히 전기를 만들어야 합니다. 그러면 온실가스 배출량이 증가하고 이러한 순환이 반복되면 필연적으로 평균 대기 온도의 상승으로 이어집니다. 이상 기후가 나타날 확률 또한 높아지지요. 이상 기후에 따른 폭염 일수 증가와 긴 무더위는 다시 도시 열섬 현상을 심화시키고……. 그야말로 도시 기후의 악순환입니다.

열섬 현상은 도시의 국지성 폭우의 빈도를 높이기도 합니다. 여름철 멀쩡하던 하늘에 별안간 검은 비구름이 나타나 집중적인 폭우를 내리는 것을 국지성 폭우라 합니다. 때로는 시간당 30mm 이상의 물 폭탄이 떨어지기도 하지요. 전문가들은 같은 조건일 경우 시골보다 도시에 비가 더 많이 내린다고 설명합니다. 그 원인은 열섬 현상, 빌딩풍, 매연과 같은 미세 입자, 에어로졸 등이지요. 열섬 현상으로 기온이 높으니 수증기의 증발량이 더 많아지고, 이 공기가 빌딩 숲과 만나 빠르게 하늘로 오르면서 대기에 떠 있던 에어로졸, 다시 말해 물을 잘 응결시키는 입자들과 만나 빠르게 비구름이 되는 것이지요. 시간당 내리는 비의 양이 많은 반면, 대부분의 도로가 포장되어 있는 도시에서는 비가 땅에 잘 흡수되지 못합니다. 빗물은 빠르게 도시 하천으로 흘러 들어가 범람을 일으키기도 하지요. 이 역시 도시 기후의 악순환 사례입니다.

이처럼 도시 열섬 현상은 기후 변화의 결과인 동시에 또 다른 원인이 됩니다. 한때 기후 변화 연구자들은 도시가 기후 변화에 미치는 영향력에 주목하지 않았습니다. 도시가 육지

면적의 약 3%에 불과했기 때문이지요. 그러나 최근 도시 열섬 현상으로 인한 피해가 속출하면서, 도시에 대한 관심이 높아지고 있습니다.

경제 위기가 와야 도시 열섬 현상이 멈출 수 있다는 흥미로운 분석도 있습니다. 가령 서울은 1997년 외환위기, 2000년 초 카드 대란, 2008년 세계 금융 위기 때마다 열섬 현상이 완화되었습니다. 2000년 이후 서울의 인구가 주변 지역으로 빠져 나가는 인구 공동화 현상이 나타나면서 열섬 현상이 완화되었다는 연구도 있고요.

도시 열섬 현상의 핵심 원인은 과도한 인구 밀집입니다. 도시 공간을 밀도 높게 사용하는 과정에서 열섬 현상은 심화할 수밖에 없습니다. 열섬 현상을 해결하는 지름길은 결국 도시에 너무 많은 사람이 몰리지 않도록 인구가 국토에 고르게 펴져 살아가게 하는 것입니다. 열섬 현상이 완화된다면 길고양이의 삶도 한결 나아질 것입니다.

도시를 더 나은
공간으로

'재개발'이라는 말을 들어 본 적이 있나요? 낡은 건물이 밀집한 지역의 환경을 개선하는 일을 뜻하는데 대체로는 기존의 오래된 건물을 허물고 아파트를 짓는 식으로 이루어지고 있어요. 높게 솟은 아파트는 주택보다 공간을 효율적으로 활용할 수 있다는 이점이 있지만, 막대한 콘크리트 사용과 에너지 과소비를 유발하기도 합니다. 한 연구 결과에 따르면 30층 이상의 초고층 아파트는 5층 이하의 저층 주택보다 약 3배 많은 이산화탄소를 배출한다고 해요. 이산화탄소는 대표적인 온실가스이니, 아파트는 기후 위기 시대에 적합하지 않은 주거 유형이라고 보는 견해도 많습니다.

아파트의 수명이 그리 길지 않은 것도 문제입니다. 2005년 국토교통부의 조사에 따르면 한국 아파트의 평균 수명은 30년이 채 되지 않습니다. 재개발을 통해 새롭게 주거지를 조성하더라도, 오래지 않아 헐고 다시 만들어야 하는 악순환을 피할 수 없지요. 건물을 자주 짓고 허물면 환경적으로 부담이 커서, 아파트 일변도의 주거지 재개발 사업이 친환경적이지 않다는 우려의 목소리도 높습니다. 그런 면에서 도시 재생 사업으로 조성된 서울의 경의선 숲길을 주목할 만합니다. 도시를 어떤 모습으로 바꾸어 나갈 수 있는지 생각해 보게 하지요.

경의선 숲길은 오래전 기차가 지났던 철길을 녹음이 가득한 숲길로 복원한 사례입니다. 기다란 철길로 나뉘었던 공간은, 이제 하나의 너른 숲길이 되어 하루 평균 약 3만 명 정도의 사람에게 쉼터가 되어 주고 있습니다. 인공 구조물을 덜어 내고 숲을 조성한 까닭에, 한여름에는 서울 도심보다 기온이 5℃가량 낮다고 해요. 경의선 숲길처럼 도시의 낡은 공간을 새롭게 재편하는 과정을 도시 재생이라 부릅니다. 기후 위기의 시대, 갈수록 과밀화되어 가는 도시를 살린다는 면에서 꽤 어울리는 이름입니다.

도시의 고밀도화는
기회일까, 위기일까?

 기회이다

1. 도시의 교통 혼잡을 줄인다

교통 기반 시설과 주거지를 도심에 밀도 높게 건설하면 외곽에서 도심으로 향하는 출퇴근 인구를 줄여 교통 체증을 완화할 수 있다. 특히 지하철역 주변 지역을 밀도 높게 개발하면 사회적 편익이 비용보다 훨씬 크다.

2. 도시 공간을 효율적으로 활용한다

도시의 밀도가 높아지면 비효율적인 공간의 효율성을 높일 수 있다. 기존 공간의 효율성을 검토해 다양한 도시 시설을 필요와 수요에 맞게 재배치한다면 공공 주택이나 대규모 상업 시설이 들어설 공간을 창출할 수 있다.

3. 지방 도시의 쇠락을 막는다

지방 도시의 인구는 꾸준히 줄고 있다. 인구가 쇠락하는 도시에서 고밀도화는 좋은 대안이다. 도시를 겉으로 확장하지 않고 안으로 압축하는 방식으로 개발하면, 주변 지역에 흩어져 살던 사람이 도심으로 모여 도시가 활기를 띠게 될 것이다.

위기이다

1. 도시 열섬 현상이 심해진다

시가지를 구성하는 아스팔트와 콘크리트는 열을 흡수하는 성질이 강하고 도시는 그 자체로 인공적인 열의 방출이 많다. 도시 과밀화로 인해 열섬 현상이 더욱 심각해질 것이다.

2. 에너지 소비가 증가한다

도시가 과밀화되면 고층 빌딩이 늘어날 수밖에 없다. 과밀화되고 고층화된 압축 도시는 시스템 유지를 위해 단위 면적당 더 많은 에너지를 필요로 한다. 에너지 소비 증가는 온실가스 배출 증가로 이어질 것이다.

3. 환경 문제가 발생한다

도시가 과밀화되면 미세 먼지 등 대기 중 오염 물질의 농도가 높아진다. 건물이 빽빽하게 들어서면서 도시 내 녹지 면적이 감소한다면 다양한 환경 문제가 발생하게 될 것이다.

바다거북은
어디로 가야 할까?

안녕? 나는 그레이트배리어리프에 사는 매부리바다거북이야. 입

모양이 매의 부리처럼 **뾰**족하다고 해서 이런 이름을 갖게 되었지. 내

등껍질 길이는 최고 90cm 정도야. 몸집이 꽤 큰 파충류라 하니 커다

란 물고기를 잡아먹으며 살 거라고 여기기 쉽지만, 나는 주로 산호에 붙은 해면류를 먹고 살아. 혹시 스쿠버다이빙을 하는 동안 나를 만난다면 가급적 가까이 다가오지 말라고 충고하고 싶어. 나는 낯선 생물이 가까이 다가오는 것을 싫어하거든. 그건 그렇고, 최근 이웃에서 벌어지는 일들을 보면 정말 두려워. 얼마 전 한 친구는 숨을 쉬러 해수면 위로 올라가던 중 그물에 걸려 목숨을 잃었어. 또 한 친구는 비닐봉지를 해파리로 착각해 먹고 죽었지. 우리 등껍질은 바다거북 중에서도 가장 아름답고 화려한 것으로 유명해. 그렇다 보니 인간들이 장식품을 만들기 위해 우리를 잡아가기도 하지. 설상가상으로 우리의 보금자리인 산호가 죽고 있다는 것도 큰 문제야. 산호초는 나를 포함해 정말 많은 생물 종이 더불어 살아가는 공간이거든. 산호가 죽어 돌처럼 굳어 갈 때마다 우리는 새로운 서식지로 이동할 수밖에 없어. 우리들의 소중한 보금자리는 왜 자꾸 사라지는 걸까?

풍요롭고 아름다운 해양 생물의 터전

주로 100~300m 정도의 얕은 바다에 사는 산호는 바다를 아름답게 꾸미는 주역입니다. 때로는 나무처럼 때로는 꽃처럼 보이는 산호는 다채롭고 아름다운 모양과 색깔을 자랑하지요. 산호가 그저 예쁘기만 한 것은 아닙니다. 산호는 수많은 동식물이 어울려 살아가는 터전이거든요.

산호가 동물이라는 사실을 알고 있나요? 제자리에서 움직이지 않아 언뜻 식물처럼 보이지만, 산호는 자포동물이라고 해서 물에 사는 다세포 동물입니다. 자포동물은 먹이를 잡을 때 가시처럼 생긴 촉수를 사용해요. 이들의 촉수에는 독성 성분이 포함된 '자세포'라는 독특한 세포가 있습니다. 여름철에 바다에서 물놀이를 하던 사람들이 해파리에 쏘이는 경우를 본 적이 있을 거예요. 산호뿐 아니라 해파리, 말미잘 등은 우리에게도 익숙한 대표적인 자포동물이랍니다. 산호가 해파리와 같이 분류되는 게 신기하지요? 자포동물은 그 종류가 약 1만여 종에 이릅니다.

산호의 형형색색 아름다운 모습은 먹이 활동과 관련이 깊

→ 화려한 자태를 뽐내는 산호는 장식물을 만드는 데 사용되기도 한다.

습니다. 산호의 먹이 활동은 몸속에 들어온 파트너인 공생 조류를 통해 이루어집니다. 공생 조류는 물속에서 광합성을 통해 영양분을 얻으며 사는 생물인 조류 중에서도 다른 식물이나 동물의 몸속으로 들어가거나 달라붙어서 이익을 나누며 살아가는 조류를 말해요. 산호는 공생 조류에게 안식처를 제공하고, 공생 조류는 광합성을 통해 산호에 양분을 제공하지요. 둘이 함께 살기 위해선 둘의 협력 관계가 원활해야 합니다. 부동산으로 치면 산호는 집을 빌려주는 임대인, 공생 조류는 집을 빌리는 대신 집세를 내는 세입자가 되겠네요. 산호에 붙은 공생 조류의 색깔만큼 산호의 모습은 다채로울 수 있지요.

산호와 공생 조류의 임대차 계약에 아무 문제가 없다면 산호는 공생 조류로부터 얻은 에너지로 물속에 녹아 있던 탄산염을 석회질로 바꾸어 산호초를 이룹니다. 몸을 단단한 석회질로 바꾸는 작업은 마치 보디빌더가 근육을 기르는 활동과 비슷합니다.

산호초 군락의 크기는 인간의 상상을 뛰어넘습니다. 오스트레일리아 북동부에 위치한 그레이트배리어리프는 세계에서 가장 큰 산호초 군락입니다. 그레이트배리어리프는 길이 약 2000km, 너비 약 500~2000m, 면적은 약 34만 8700km²로, 한반도 면적보다도 넓지요.

그레이트배리어리프는 공간적으로도 중요한 의미를 갖습니다. 산호초 라인을 기준으로, 안과 밖을 나눠 보면 산호초 군락이 거친 대양을 막아 내는 거대한 천연 장벽의 역할을 한다는 사실을 알 수 있지요. 해안을 따라 발달한 산호초는 바

→ 하늘에서 촬영한 그레이트배리어리프의 모습.

다에서 밀려드는 거센 파도의 힘을 완화합니다. 그 덕분에 산
호초 안쪽의 바다는 상대적으로 파도가 잔잔합니다. 아늑한
안쪽의 바다는 수천 종의 해양 생물이 이웃하여 살아가는 보
금자리입니다. 그레이트배리어리프는 '바다의 아마존'이라는
별명을 갖고 있는데 그만큼 풍요로운 생물 다양성을 자랑합
니다.

　그레이트배리어리프에는 약 400여 종의 산호와 1500여 종

의 어류, 4000여 종의 연체동물 그리고 바다거북이 함께 살아갑니다. 이만한 생물 다양성을 보유한 곳은 바다와 육지를 통틀어도 손에 꼽을 정도로 적지요. 세계로 시야를 넓히면, 산호초가 가진 생물 다양성의 중요성을 실감할 수 있습니다. 산호는 지구 전체 바다 면적의 1% 이하지만, 해양 생물 종의 약 25% 이상이 산호에 기대어 살고 있습니다. 오스트레일리아의 그레이트배리어리프를 비롯해 세계의 유명 산호초 군락이 유네스코 세계 자연 유산으로 등재된 까닭이지요.

그레이트배리어리프는 높은 경제적 가치를 지닌 것으로 알려져 있습니다. 그레이트배리어리프 재단의 보고서에 따르면 산호초 군락의 가치가 우리 돈으로 48조가 넘는다고 해요. 스쿠버다이빙을 포함한 관광, 이로 인한 직간접적인 고용 효과 등이 막대한 경제적 이득을 가져다주기 때문입니다.

하지만 개발에 따른 경제적 가치보다 보존에 따른 환경적 가치를 우선하자는 목소리도 있습니다. 유네스코는 그레이트배리어리프를 '위기에 처한 세계 유산'으로 분류해야 한다고 주장합니다. 기후 위기로 산호초가 사라지고 있는 상황을 우려한 것이지요. 유네스코는 오스트레일리아 정부에 더 강

력한 기후 위기 대응 정책을 펼 것을 요구하고 있지만 오스
트레일리아 정부는 이미 많은 예산을 들여 기후 위기에 대응
하고 있다고 항변합니다. 현실적으로 경제적 효과가 남다른
'바다의 요술 맷돌'을 포기하기도 쉽지 않을 테지요.

세계적으로 유명한 또 다른 산호초 군락은 '산호 삼각 지
대'입니다. 이곳은 필리핀, 인도네시아, 말레이시아를 거쳐
솔로몬 제도와 동티모르에 이르는 해양 공간으로, 규모와 생
물 다양성 면에서 그레이트배리어리프와 견줄 정도입니다.
산호 삼각 지대는 지금까지 알려진 산호의 약 4분의 3, 해양

포유류 37종과 바닷물고기 3000여 종이 모여 사는 생태계의 보고입니다. 앞서 소개한 오스트레일리아의 그레이트배리어 리프와 이곳 산호 삼각 지대의 가장 큰 차이점은 산호 삼각 지대가 관광지가 아닌 많은 사람이 살아가는 삶의 터전이라는 점입니다.

산호 삼각 지대가 풍성한 해양 생태계를 구축할 수 있었던 까닭은 해저 지형과 관련이 깊습니다. 이곳의 해저 지형은 위성 지도를 통해 파악할 수 있습니다. 필리핀 북부, 인도네시아의 수마트라섬, 솔로몬 제도를 꼭짓점으로 하는 큰 삼각형 안에는 바다의 색깔이 옅은 곳과 짙은 곳이 교대로 등장합니다. 색깔이 상대적으로 연한 곳은 대륙붕, 색깔이 짙은 곳은 대륙붕에서 경사가 급해지면서 수심이 깊어지는 해저 지형에 해당합니다. 수많은 섬 사이로 대륙붕과 심해저 지형이 반복적으로 나타나는데 두 공간은 각각 이채로운 생태 공간을 펼쳐 내지요. 그중에서도 우리가 주목해야 할 공간은 바로 대륙붕입니다.

대륙붕은 육지에서 뻗어 나간 완만한 경사의 해저 지형입니다. 평균 수심 약 200m 내외의 대륙붕은 해수면이 지금보다 평균 100m가량 낮았던 지난 빙기 때 대부분 육지이거나 얕은 호수였습니다. 그래서 하천이 운반해 온 많은 물질과 죽은 동식물의 잔해가 쌓이게 되었고, 그 덕분에 완만한 경사를 갖게 되었습니다.

영양분이 켜켜이 쌓인 퇴적 지층이 발달한 데다가 수심이 낮아 햇볕이 잘 도달하는 까닭에 식물 및 동물 플랑크톤과 해조류가 풍성하게 자랄 수 있었습니다. 해양 먹이 사슬이 견고하게 만들어진 수중 생태계는 생물 종 다양성이 높아 그 자체로 풍성한 어장으로서 인간이 삶을 개척하는 데 이로웠습니다.

나아가 산호초 군락은 육지의 식물과 마찬가지로 대표적인 온실가스인 이산화탄소를 흡수하는 역할도 수행합니다. 산호의 몸속에 사는 조류가 광합성을 통해 이산화탄소를 흡수하고 산소를 배출합니다. 그래서 대산호초의 가치는 아마존 열대림과 비교되곤 합니다. 산호가 살아야 바다가 살고, 나아가 기후 위기를 막는 데도 이롭습니다.

산호의 죽음과 바다거북의 위기

이렇듯 해양 생태계와 인간에게 이로운 산호초이지만, 최근 여러 지역에서 마치 약속이라도 한 듯 산호가 빠르게 죽고 있습니다. 유엔이 지원하는 '세계 산호초 관찰 네트워크'의 조사 결과에 따르면, 2009~2018년 사이에 세계 산호초의 약 14% 정도가 사라졌다고 합니다. 면적으로는 1만 1700km²에 해당하는 크기로, 이는 경기도보다도 넓은 면적입니다. 산호초가 사라지게 된 가장 큰 원인은 '백화 현상'입니다.

산호가 하얗게 변하면서 죽음에 이르는 과정을 '백화 현상'이라고 부릅니다. 백화 현상은 산호와 긴밀한 계약 관계를 맺었던 공생 조류가 떠나면서 발생합니다. 산호는 수온, 산성도, 물의 탁한 정도 등에 쉽게 민감해지는 특징을 지니고 있습니다. 특히 공생 조류는 수온이 오르면 산호에게 독이 되는 물질을 배출하고, 산호는 독을 피하고자 공생 조류를 배출합니다. 산호는 다채로운 색을 가진 공생 조류 덕에 아름다운 자태를 가꿀 수 있었지만, 수온이 상승하면 하얗게 백화합니다. 수온이 안정화하지 않는 이상, 새로운 공생 조류를 받아들이지 못한 산호는 결국 죽음에 이르고 말지요.

산호가 민감하게 변하는 이유는 기후 변화에 따른 바닷물 온도 상승입니다. 산호가 살기 적합한 온도는 약 23~29℃ 내외인데, 최근 열대 및 아열대 바다의 온도는 심심치 않게 30℃를 넘기고 있습니다. 주기적으로 찾아오는 태풍이 바닷물을 위아래로 적절히 섞어 주면 도움이 되겠지만, 기후 변화는 태풍의 빈도를 들쭉날쭉하게 만들어 산호의 고난을 가중시키고 있습니다.

산호의 죽음은 산호초에 기대어 사는 수많은 바다 생물에게 위협이 됩니다. 포식자로부터 숨고, 먹이를 구하고, 휴식을 취할 수 있는 공간이 사라지기 때문이지요. 매부리바다거북에게도 마찬가지입니다. 매부리바다거북의 개체 수가 계속 줄어드는 원인에는 인간의 포획도 있지만 일차적으로는 바다거북의 주요 먹이인 해조류의 소멸 탓이 큽니다. 산호초 주변으로 넓고 고르게 자라는 해조류가 산호의 죽음과 함께 사라지면서, 바다거북의 먹이 활동에 큰 위기가 찾아온 것이지요.

한편, 높아진 지구의 온도는 그레이트배리어리프에 사는

바다거북의 번식에도 영향을 주고 있습니다. 매부리바다거북의 친척인 푸른바다거북은 산란기에 해변으로 올라와 모래에 굴을 파고 알을 낳습니다. 새끼의 성별은 알을 품은 모래 온도의 영향을 크게 받지요. 모래의 온도가 섭씨 29.1℃보다 높으면 주로 암컷, 온도가 낮으면 주로 수컷으로 부화하는 경향이 있습니다. 그런데 지구 온난화로 기온이 높아지면서, 그레이트배리어리프 지역의 푸른바다거북 새끼의 성비가 무려 암컷 116마리당 수컷 1마리로 불균형해졌다고 합니다. 이렇게 수컷의 개체 수가 압도적으로 적어지면 번식이 정상적으로 이루어질 수 없게 됩니다. 결국 푸른바다거북의 미래는 불투명해지는 것이죠.

산호초 군락은 지구 전체로 보면 좁은 면적에 불과하지만, 이곳에 사는 해양 생물 종의 수는 타의 추종을 불허합니다. 산호가 사라지면 그 곁에 기댄 많은 생물의 생존도 어려워집니다. 단적으로 매부리바다거북은 산호초의 죽음으로 먹이를 찾아 이곳저곳으로 이동하는 거리가 늘어남에 따라 짝짓기 시기를 놓치거나, 인간이 놓은 그물에 걸려 생을 마감하는 경우가 많아졌습니다. 최근 들어 남해안과 제주도 해안에서 매부리바다거북의 사체가 심심치 않게 발견되는 일은 멸종 위기 동물의 현실을 피부로 느끼게 합니다. 매부리바다거북의 위기는 곧 산호초의 위기요, 산호초의 위기는 머지않아 인류의 위기가 될 것입니다.

산호가 만든
섬의 비밀

산호초 중에는 인간이 거주할 수 있는 크기의 섬도 있습니다. 바닷물 속에

있어야 할 단단한 산호초의 일부가 어떤 이유로든 해수면 위로 드러나면

섬이 되는 것이지요. 이들 섬의 종류는 크게 안초, 보초, 환초로 나뉩니다.

안초는 수심이 얕은 화산섬 측면에 붙어 있는 형태, 보초는 화산섬이 가라

앉으면서 화산섬 주변을 동그랗게 둘러싼 형태, 환초는 화산섬이 해수면 아

래로 자취를 감춰 둥근 산호초만 남은 형태를 뜻합니다.

　진화론으로 유명한 영국 생물학자 찰스 다윈은 산호섬이 생성되는 과정

을 처음으로 밝힌 사람이기도 합니다. 영국에 살던 찰스 다윈이 적도 주변

의 아열대 바다에서 산호섬을 만날 수 있었던 계기는 비글호 항해입니다.

비글호 항해는 1831년부터 5년간 이루어진 영국 해군의 탐사 프로젝트로,

남아메리카의 해안을 조사하는 것이 목표였습니다. 다윈은 다양한 산호섬

의 생김새에 주목했지요. 어떤 것은 육지 바깥으로 선반처럼 튀어나와 있었

고, 어떤 것은 육지에서 제법 멀리 떨어져 있었으며, 심지어 가운데에 육지가 없이 둥근 고리 모양으로 발달한 것도 있었습니다. 탐험을 마치고 돌아온 다윈은 꼼꼼하게 기록한 자료를 바탕으로 1848년 『산호의 구조와 분포』라는 책을 발간합니다.

찰스 다윈은 이 책을 통해 산호초는 본래 육지 근처의 얕은 바다에서 성장하므로, 육지와 제법 떨어져 있거나 육지 없이 독립적으로 남은 것은 육지가 서서히 가라앉은 결과라고 설명했습니다. 다윈의 주장은 오늘날까지도 산호섬의 형성 과정에 대한 가장 합리적인 설명으로 받아들여지고 있습니다. 땅의 움직임으로 섬이 가라앉으려면 지질학적으로 매우 긴 시간이 필요할 것이고, 그러는 동안 산호는 꾸준히 성장하면서 본 모습을 잃지 않을 것이기에 충분히 논리적인 추론이었다고 볼 수 있습니다.

산호초 군락을
보존해야 할까?

보존해야 한다

1. 기후 변화의 속도를 늦출 수 있다

산호초를 둘러싼 무수히 많은 플랑크톤은 마치 나무처럼 광합성을 통해 이산화
탄소를 흡수하고 산소를 만들어 낸다. 단위 면적당 효과는 열대림과 견줄 정도
다. 산호초를 보존하면 온실가스를 줄이고 기후 변화의 속도를 늦출 수 있다.

2. 천연 방파제의 역할을 한다

산호초는 해안 근처에 발달해 있어, 인구가 밀집한 연안으로 태풍이나 해일이
밀려들 때 충격을 완화하는 효과가 크다.

3. 연안의 생물 다양성을 보존할 수 있다

산호초는 수없이 많은 생물 종이 오랜 시간 동안 살아온 생태계이다. 플랑크톤
을 비롯한 다양한 해양 동식물은 존재만으로 생물 종 다양성에 큰 기여를 한다.
다양성은 진화와 감염병의 관점에서 뭇 생명에게 이롭다.

1. 훌륭한 관광 자원이다

형형색색의 산호초와 그 주변에 여러 생물 종이 공존하는 모습은 그 자체로 아름다워 스쿠버다이빙 등 수상 레저 산업의 발달을 가져온다. 이러한 관광 자원을 적극적으로 활용한다면 막대한 경제적 이득을 얻을 수 있다.

2. 어족 자원을 활용해야 한다

수억 명의 사람들이 이미 오래전부터 산호초 연안에 터전을 잡고 수산물을 채취해 돈을 벌고 있다. 보존을 이유로 어민들의 조업을 금지시킨다면 수억 명의 생계에 큰 타격이 될 것이다.

3. 산호는 인공 복원이 가능하다

기술의 발달로 인해 산호초가 파괴되어도 3D 프린팅 기술로 산호초를 복원할 수 있다. 3D 프린터로 진흙 형태의 산호 타일을 만들어 산호가 자라기 쉬운 환경을 조성한다. 진흙을 사용하면 철이나 콘크리트를 사용하는 것보다 주변 환경에 오염이 적고 산호에도 독성을 덜 미칠 수 있다. 또한 로봇으로 산호의 번식을 돕거나 미생물을 투입해 산호의 생장을 빠르게 만들 수도 있다.

4 ——————————————————————————

가젤의 초원을
지키려면

안녕. 난 다마가젤이야. 그래, 보다시피 아름답지. 우리 다마가젤은

가젤 중에서도 가장 몸집이 커. 하얀 털에 멋들어진 적갈색 무늬 때

문에 우아하다는 이야기도 꽤 듣는 편이지. 사진을 보면 느껴지지 않

니? 벌써 나한테 빠져든 것 같군. 우리는 아프리카 사하라 사막 주변에 살아. 사람 발길이 드문 곳, 그중에서도 좁은 지역에 밀집해 살고 있지. 아름다운 외모를 가졌으면 마냥 행복할 것이라고 생각하는 사람들도 있겠지만 결코 그렇지는 않아. 요즘 나에게는 큰 고민거리가 있거든. 주변의 풀이 빠르게 사라지고 있어. 알다시피 초식 동물인 나에게 풀은 매우 소중한 식량인데, 요즘은 꽤 먼 곳까지 이동해야 겨우 배를 채울 수 있는 상황이야. 게다가 인간들은 우리를 가만히 두지 않아. 인간들의 무분별한 사냥으로 다마가젤의 개체 수가 급격히 줄어서 우리는 국제자연보전연맹(IUCN)이 지정하는 '위급' 단계의 멸종위기종이 되었어. 밀렵과 먹이 부족에 시달리다 보니, 사는 게 정말 녹록지 않아. 먹이를 찾아 헤매다 인간들을 만날 때면, 온몸의 털이 쭈뼛 설 정도로 무서워. 나는 이제 어떻게 될까?

푸른 초원이 사막으로 변한 까닭

다마가젤은 아름다운 자태로 유명합니다. 초원을 거니는 다마가젤을 처음 보면 마치 신화 속 유니콘을 본 것처럼 탄성이 나올 정도라고 하지요.

다마가젤은 현재 세계적으로 희귀한 동물 중 하나입니다. 2006년 이후 멸종 위기 '위급' 단계의 진단을 받은 다마가젤은 야생 서식 개체 수가 300여 마리에 불과합니다. 20세기 중반까지만 하더라도 사하라 사막 주변에서 흔히 볼 수 있는 동물이었지만, 지금은 찾아보기가 하늘의 별 따기입니다. 사하라보존협회는 다마가젤 개체 수 보존을 위해 각고의 노력을 기울이고 있습니다. 사람이 접근하기 어려운 지역에 카메라를 설치해 주기적으로 다마가젤 서식지를 관찰하며 밀렵과 차량 사고에 대비하는 등 노력하고 있지요. 하지만 다마가젤의 미래가 그리 밝아 보이지는 않습니다.

다마가젤은 사하라 사막 주변 지역, 정확히는 사헬 지역에 살고 있습니다. 사헬(Sahel)은 '사하라 사막의 경계'라는 뜻의 아랍어입니다. 서쪽으로 세네갈 북부에서부터 동쪽으로 수단 남부에 이르기까지 약 6400km에 이르는 좁고 긴 띠 모양의 지역이지요.

사헬 지역에 대해 이야기하기에 앞서, 사하라 사막에 대해 잠깐 살펴보기로 해요. 여러분도 사하라 사막에 대해 한 번쯤은 들어 보았겠지요? 사하라 사막은 아프리카 대륙의 3분의 1을 차지할 정도로 넓은데, 이는 중국이나 미국의 영토와도 맞먹을 만한 거대한 면적입니다.

사하라 사막은 거칠고 메마른 땅입니다. '사막'이라는 단어를 듣는 순간 생명에 꼭 필요한 물이 극도로 부족한 지역이라는 느낌이 들지요? 뜨거운 모래 위 아리아리하게 올라오는 아지랑이 사이로 끝없이 펼쳐진 황량한 모래 언덕, 사람 키보다 큰 선인장 사이로 기암괴석이 즐비한 모습 등이 사하라 사막이 주는 대표적인 이미지입니다.

사막은 지리적으로 건조 기후 지역에 속합니다. 건조 기후 지역은 연 강수량이 500mm 미만인 지역을 일컫는데, 참고로 우리나라는 장마철이면 하루에 300mm 정도의 많은 비가 내리는 경우도 있습니다. 건조 기후 지역에 얼마나 비가 적게 오는지 짐작할 수 있겠지요? 그런데 사하라 사막은 5000년 전만 해도 푸른 초원이 넓게 펼쳐진 공간이었습니다. 아프리카 면적의 약 3분의 1에 해당하는 광대한 땅은 왜 사막이 되었을까요?

사하라 사막을 만든 핵심 열쇠는 아열대 고압대입니다. 아열대 고압대는 열대 주변이라는 뜻의 '아열대'와 고기압이 띠 모양으로 세력을 형성함을 뜻하는 '고압대'를 합해 부르는 말입니다. 아열대 고압대 지역은 아열대라서 덥고, 고기압의 영향으로 건조합니다. 그래서 사하라 사막 지역에는 1년 내내 비가 거의 오지 않습니다. 세계적으로 이름난 사막은 대부분 아열대 고압대의 영향을 받아 형성됐습니다. 사하라 사막은 물론, 아라비아반도의 룹알할리 사막, 오스트레일리아의 그레이트빅토리아 사막 등이 그렇습니다.

지구는 마치 살아 있는 생명처럼 계속해서 변해 갑니다. 어제와 오늘의 날씨가 다르고, 심지어는 작년과 올해의 기후가 다를 수 있습니다. 그렇기에 우리나라의 아름다운 사계절도 영원할 것이라고 확신할 수는 없지요. 현재의 지구는 오랜 세월 꾸준히 반복된 복잡한 현상의 총집합과 같습니다. 사하라 사막도 그렇습니다. 약 1만 년 전에서 5000년 전 사이의 기간

→ 사하라 사막은 아프리카 북부의 대부분을 차지하는 거대한 사막이다.

에는 사하라 사막 일대에 푸른 초원이 넓게 펼쳐져 있었지만, 지금은 사뭇 다른 경관을 연출하고 있습니다. 이렇게 전혀 다른 생태 환경이 조성된 까닭을 설명한 사람이 있습니다. 바로 세르비아의 지구물리학자 밀루틴 밀란코비치이지요.

밀란코비치는 스코틀랜드 과학자 제임스 크롤을 만나 지구 공전 궤도를 공부했고 이를 바탕으로 기후 변화를 설명해 냈어요. 밀란코비치는 지구가 태양의 주위를 도는 길인 공전 궤도가 주기적으로 변한다는 사실을 증명했습니다. 이게 무슨 말이냐고요? 지구가 태양과 더 가까운 시기가 있는 반면,

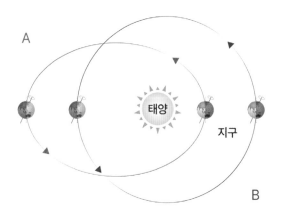

그렇지 않은 시기도 있다는 것이지요. 지구와 태양과의 거리가 멀어지면 태양 에너지를 적게 받으므로 빙하가 발달하는 빙기, 그 반대는 간빙기라 본 것입니다. 위의 그림을 살펴봅시다. 지구의 공전 궤도는 완벽한 원에 가까운 B가 아니라 A와 같은 타원형입니다. 따라서 태양의 주위를 도는 동안 지구와 태양의 거리는 좁아졌다가 멀어졌다가 하는 방식으로 변하게 되지요.

밀란코비치는 지구 자전축의 변화 또한 기후 변화에 영향을 끼친다는 점도 밝혔습니다. 지구 자전축은 태양과 수직선상으로 볼 때 약 23.5° 기울어져 있지만, 약 4만 1000년을 주기

로 21.5~24.5° 범위 안에서 변한다고 합
니다. 자전축의 기울기 변화는 여름과
겨울의 기온 차이를 불러옵니다. 기울
어진 각도 만큼이나 어느 지역
은 태양과의 거리가 상대적
으로 가까워지고, 또 다른 지
역은 멀어질 테니까요.

　밀란코비치가 마지막으로
밝힌 것은 오늘날 기후 변화를
설명할 때 자주 인용되는 세차 운
동입니다.

　'세차(歲差)'란 해마다 조금씩 달라진다는 뜻인데요, 천문
학에서는 지구 자전축의 '방향'이 조금씩 변하는 현상을 의
미합니다. 자전축이 팽이처럼 원을 그리며 돈다고 생각하면
이해하기 쉬워요. 오늘날 지구 자전축의 끝은 북극성을 가리
키지만, 약 1만 2000년 후에는 직녀성을 가리킬 거라고 하네
요. 세차 운동의 주기는 약 2만 6000년이니, 지금은 한 사이클
의 절반 정도를 지나는 중이라고 말할 수 있습니다.

→ 사하라 사막 한가운데 위치한 타실리나제르 지방의 암벽화. 사람과 초식 동물의 모습을 볼 수 있다.

자전축이 기울어진 채로 태양 주위를 도는 지구는, 그 기울기와 방향에 따라 특정 지역이 태양 에너지를 받는 정도가 달라집니다. 한 연구에 따르면, 사하라 사막 일대는 태양 에너지의 차이에 따라 주기적으로 건조한 환경과 습윤한 환경이 반복돼 왔다고 합니다. 비가 잦아 이른바 '습윤한 아프리카'라고 불리던 시기에는 생명 다양성이 높았습니다. 당시 사하라 사막 일대에는 코끼리, 하마, 영양, 기린 등의 초식 동물이 번성했습니다. 이를 증명하기라도 하듯, 사하라 사막 한복판

의 동굴에서 발견된 원시 인류의 벽화에는 여러 동물이 그려
져 있지요. 흥미롭게도 동굴 벽화에 그려진 동물들은 오늘날
초원과 호수가 펼쳐진 사바나 기후 지역에 사는 동물 종과 같
습니다.

동굴 벽화에 흔적이 남은 동물 중 하나가 영양입니다. 이름
과 달리 소(牛)과에 속하는 야생 동물로 외모는 양도 소도 아
닌 사슴을 닮았답니다. 영양은 대개 아프리카의 사바나 초원,
키가 작은 풀이 자라는 건조 스텝 기후 등에 서식합니다. 먼
옛날부터 아프리카에 터를 잡고 살아온 영양은 가축화된 소
나 양보다 먹이로 삼는 풀의 종류가 다양하고, 더위를 잘 견
딥니다. 그래서 건조한 사막 주변에서도 살아갈 수 있지요.
다마가젤 역시 영양의 일종입니다.

줄어드는 호수, 사막으로 변하는 땅

다마가젤이 서식하는 사헬 지역은 사하라 사막과 가깝지만,
1년 중 여름철에 해당하는 6~8월 사이에 짧은 우기가 나타난

다는 점에서 다릅니다. 일정 기간 비가 내리기 때문에 풀이 자랄 수 있지요. 사헬 지역은 풍요롭지는 않지만, 충분히 생명체가 기댈 수 있는 서식 환경을 제공해 왔습니다. 그런데 이곳에 사막화가 진행되기 시작했습니다.

사막이 아니었던 곳이 사막으로 변하는 현상을 일컬어 사막화라고 합니다. 사막화는 주로 사막 주변의 반건조 환경에서 잘 나타납니다. 사하라 사막의 면적은 1920년보다 약 10% 증가했고, 지난 100여 년 동안 약 250km 이상 적도를 향해 내려왔습니다. 사헬 지역의 사막화 속도가 얼마나 빠른지 실감할 수 있는 대목이지요.

물론 기후는 오랜 시간에 걸쳐 변하는 것이지만 오늘날 아프리카 사헬 지역의 사막화를 부추기는 것은 인간의 탓이 큽니다. 기후 위기는 그렇지 않아도 강수량이 적은 사헬의 스텝 기후 지역에 극심한 가뭄을 불러왔습니다. 목축으로 생계를 이어 가던 유목민은 조금 더 풀이 많은 적도 부근으로 거처를 이동했고, 그 과정에서 무분별하고도 과도한 방목이 이루어 졌습니다. 환경이 수용할 수 있는 범위를 넘어선 활동이었기에 결국 사막화가 빨라졌지요.

사헬 지역을 더 정확하게 이해하려면 위성 사진을 보는 것이 좋습니다. 황색이 주를 이루는 아프리카 북부 지역과 녹색이 주를 이루는 적도 사이를 보면, 두 색이 혼합되어 동서로 길게 늘어서 있음을 확인할 수 있습니다. 그곳이 바로 사헬 지역입니다.

사헬 지역을 따라 분포하는 다마가젤의 주요 서식지를 살피다 보면, 자연스럽게 차드 공화국의 수도 '은자메나'를 만납니다. 은자메나는 2020년 기준, 인구가 140만 명에 육박하는 큰 도시입니다. 1년 강수량이 500mm 내외인 스텝 기후에 속하지요. 일반적으로 스텝 기후에서는 농업에 필요한 물을 확보하기가 힘들어 큰 도시의 발달이 어렵습니다. 고대 문명의 발상지를 비롯해 오늘날 세계의 주요 대도시는 대체로 어떤 식으로든 물 공급을 해결할 수 있는 자리에 있지요. 상대적으로 강수량이 부족한 스텝 기후 지역에서 어떻게 은자메나와 같은 큰 도시가 만들어질 수 있었을까요? 그 비밀은 이웃한 차드호에 있습니다.

차드호는 한때 세계에서 여섯 번째로 큰 호수였습니다. 차드, 니제르, 나이지리아, 카메룬 이렇게 네 나라에 걸쳐 있었

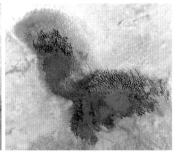

→ 미국항공우주국이 촬영한 차드호의 1973년(왼쪽)과 2017년(오른쪽) 모습. 파란색으로 보이는 물이 많이 줄어든 것을 확인할 수 있다.

고, 1960년대의 면적은 무려 2만 6000km²에 달했습니다. 이는 우리나라 전라남북도를 합한 면적과 비슷하지요. 차드호는 사헬 지역의 든든한 물탱크로서 주변 지역에 식수와 농업용수를 공급해 왔습니다. 차드호 주변에서는 주로 밀과 옥수수를 재배해 식량으로 사용했지요.

하지만 최근 차드호의 면적이 심각하게 줄고 있습니다. 2020년 기준 차드호의 면적은 약 1350km²로 한창때의 19분의 1에 불과합니다. 차드호가 빠르게 줄어든 핵심 원인은 인구 증가입니다. 20세기 들어 차드호 주변의 인구가 폭발적으로 늘었습니다. 사람들은 농경과 목축을 위해 지하수를 과도

하게 퍼 올렸습니다. 차드호 일대는 반건조 환경인데, 비가 내리는 양보다 물을 쓰는 양이 훨씬 많으니 호수의 물이 줄어들 수밖에 없었습니다. 엎친 데 덮친 격으로 지하수의 고갈로 식생이 사라지면서 토양도 점차 황폐화해 갔습니다.

토양의 황폐화는 생명에 심각한 영향을 줍니다. 땅속 암반에 있던 소금 알갱이가 모세관 현상으로 지표로 올라와 소금밭이 되어 농사가 어려워지고, 모래 알갱이를 잡아 주던 풀과 나무가 과도한 목축으로 사라지면서 모래 폭풍도 더욱 거세졌습니다. 게다가 기후 변화로 차드호 일대의 여름철 평균 기온이 높아지면서 증발량이 증가하고, 주변 지역의 사막화는 더욱 빠르게 진행되는 상황입니다.

세계 곳곳에서 진행되는 사막화
- -

기후 위기로 인해 사는 곳을 떠나야 하는 일은 다마가젤에게만 일어나고 있는 것은 아닙니다. 많은 사람이 기후 난민이 되어 고향을 떠나고 있습니다. 지중해 동부에 자리한 시리아의 경우 2011년에 시작된 내전으로 많은 난민이 생겨나면서 주목받았습니다. 세계에서 가장 난민이 많은 나라라는 오명을 갖게 된 핵심 원인이 내전임은 분명합니다. 하지만 시리아 난민의 근원적인 문제를 따지다 보면 기후 위기가 자리 잡고 있습니다.

기후 변화로 시리아의 강수 패턴에 변화가 찾아와 강수량이 점차 줄어들었고, 급기야 2007년에서 2010년 사이에는 사상 최악의 가뭄이 시리아를 덮치고 맙니다. 농사로 생계를 이어 가던 농민들은 농지를 버리고 도시로 향했지만, 도시는 밀려드는 인구를 감당하기 버거웠지요. 도시의 좁은 공간에 많은 사람이 더부살이하면서 각종 문제에 시달리게 되었습니다. 빈부 격차, 각종 범죄 등은 사회가 불안정해지는 원인이 되었고, 정부에 대한 불신으로 이어졌습니다. 이슬람 무장 세력은 사회가 불안정한 기회를 틈타 내전을 일으켰습니다. 시리아 정부를 몰아내고 새로운 국가를 수립하고자 했던 겁니다.

중앙아시아의 중위도 사막 지역도 사정이 크게 다르지 않습니다. 몽골은 기후 위기에 직면해 있습니다. 지난 반세기 동안 세계 평균 기온이 약 0.6℃ 상승한 반면 몽골은 무려 2℃

이상 상승했습니다. 몽골의 기온이 큰 폭으로 오른 까닭은 아무래도 대륙 내부에 위치해 있기 때문입니다. 내륙 건조 기후 지역은 지리적으로 수분의 공급이 불리한 구조인데, 연 평균 기온이 오르니 강수 패턴도 크게 달라졌습니다. 특정 시기에 비가 몰아서 오거나, 기온 상승 덕에 눈이 쉽게 오지 않게 되었지요.

이런 상황이라면 사막화를 염려하지 않을 수 없습니다. 아니나 다를까 1990년대까지 몽골 전체 면적의 약 40%를 차지하던 사막의 비중은 오늘날 약 80%까지 늘었습니다. 몽골 정부가 발표한 보고서에 따르면, 지난 30년 동안 약 1000여 개의 호수와 900여 개의 하천, 2000여 개의 샘물이 사라졌다고 합니다. 이는 초원과 사막 사이의 경계 지대에서 빠르게 사막화가 이루어진 결과입니다. 마치 아프리카의 사헬 지역처럼요. 사헬 지역에서는 다마가젤과 같은 야생 동물이 멸종 위기에 도달했다면, 몽골에서는 유목민의 가축이 위협을 받는 상황이 연출되고 있습니다.

건조 기후 지역의 사막화는 그렇지 않아도 척박한 환경 조건을 더욱 황폐화하는 일입니다. 사막화는 야생 동물, 인간과 가축의 생존 기반을 송두리째 앗아갈 수 있는 무서운 일이지요.

사막에 나무를 심는 사람들
- - - - - - - - - - - - - - - - - - - -

사막화를 그대로 방치할 수는 없는 노릇입니다. 기후 변화의 속도를 늦추는 일이 무엇보다 중요하고, 나아가 당장 황폐화하는 사헬 지역을 푸른 초원으로 되돌리는 일이 시급합니다. 그래서 아프리카 사헬 지역에는 길고 거대한 녹색의 장벽이 세워지고 있습니다. 이름하여 '그레이트 그린 월 프로젝트'가 진행 중이지요.

아프리카 20개국이 참여하고 있는 그레이트 그린 월 프로젝트의 목표는 약 1300km 길이의 초대형 숲을 조성해 황폐해진 사하라 사막을 초원으로 복구하는 것입니다. 목표로 하는 숲의 길이는 만리장성보다 길고, 그 면적은 미국에 버금가지요. 나무가 연대해 숲을 이루면, 토양이 정착하고 흙이 들뜨지 않습니다. 서쪽 끝의 세네갈에서 동부 홍해 곁의 지부티까지 이어지는 녹색의 띠가 잘 조성되면 농사를 통해 안정적으로 식량을 마련할 수 있고, 숲을 유지하는 데 필요한 일자리 창출을 기대할 수 있을 겁니다.

중앙아시아의 몽골 지역에도 숲 조성 프로젝트가 한창입니다. 여기에는 우리나라의 지방 자치 단체와 기업의 도움이 한몫했습니다. 경기도 고양시는 2009년부터 몽골 사막과 스텝 초원 지역의 경계에 해당하는 만달고비시 마을에 꾸준히 나무를 심어 왔습니다. 10년 넘도록 살뜰하게 가꿔진 묘목장은 어느새 여의도 전체 면적의 3분의 1 수준이 되었고, 묘목의 수는 10만여 그루에 달합니다.

숲을 조성하면 사막화의 가장 큰 골칫덩이인 토양 침식 문제를 해결할 수 있습니다. 나무의 뿌리는 땅을 보호하고 지력을 유지하는 데 큰 도움이 되고, 농작물을 재배하는 데 필요한 표토 생산을 돕습니다. 나아가 긴 호흡으로 보면 숲은 주변의 이산화탄소를 흡수하기에 전 지구적인 기후 변화의 속도를 늦추는 데 조금이라도 도움이 될 것입니다.

남극에도
사막이 있다

'사막'이라는 단어는 끝없이 펼쳐진 황량한 모래벌판이나, 뜨거운 햇볕이 내리쬐는 무덥고 건조한 기후를 떠올리게 합니다. 하지만 이러한 이미지는 지리적인 면에서의 사막의 정의와는 다소 거리가 멉니다.

　사막을 뜻하는 영어 Desert에는 '버리다'라는 뜻이 있습니다. 사막은 어원적으로 보자면 '버려진 땅'이요, 사전적으로는 '강수량이 적어서 식생이 보이지 않거나 적고, 인간의 활동이 제약되는 지역'을 뜻합니다. 다시 말해 강수량이 적고, 식생이 드물고, 인간이 거주하기 힘들다는 세 가지 조건을 갖추면 사막이라고 부를 수 있다는 겁니다. 이는 지리적으로도 꽤 의미 있는 정의입니다. 지리학의 한 분과인 기후학에서는 연 강수량이 250mm보다 적고, 강수량보다 증발량이 많아 건조한 곳을 사막이라고 부르거든요. 세계 지도를 살펴보면 이런 조건을 갖춘 곳이 생각보다 많음을 알 수 있습니다.

대표적인 곳이 극지방입니다. 그중에서도 남극 대륙은 연중 강수량이 극히 적고, 극한의 추위로 식생이 없으며, 인간의 활동이 심히 제한되는 곳으로 둘째가라면 서러워할 사막입니다. 그런 면에서 남극의 대표적인 사막인 맥머도 드라이 밸리는 흥미로운 곳입니다. 제주도 2배가량의 면적을 지닌 이곳은 습도가 매우 낮고 눈이나 얼음도 찾아볼 수 없습니다. 간혹 습기를 머금은 바람이 불어와도 병풍처럼 늘어선 산맥에 가로막히는 경우가 많고, 나아가 강한 풍속은 수증기가 지표에 닿는 것을 허락하지 않지요. 이런 환경 조건에서 생명이 살아가기란 불가능에 가깝습니다. 마찬가지로 강수량을 기준으로 하면 북극도 사막입니다.

기후 토론 🖊

사막화 방지 vs 유목민의 삶

사막화 방지가 우선이다

1. 사막화가 심해지면 기후 변화의 속도가 빨라진다

사막화로 토양의 수분량이 줄면 대기가 건조해지고 식물이 자랄 수 없게 된다. 탄소를 저장하는 식물이 사라지면 그만큼 기후 변화의 속도는 빨라질 수밖에 없다. 기후 위기를 막기 위해서라도 사막화 방지가 우선이다.

2. 모래 폭풍의 빈도가 늘어난다

사막화가 빠르게 진행되면, 지표면을 덮고 있던 식물이 사라져 모래가 바람에 날리는 일이 빈번해진다. 모래 폭풍은 사람들의 건강을 악화시키고 도로나 농경지를 망가뜨려 경제적인 피해를 입힌다.

3. 커다란 식량 문제에 직면한다

세계 식량 생산의 약 30%는 건조 지역에서 재배된다. 건조 지역의 사막화와 그에 따른 지하수 고갈 문제는 식량 생산의 감소로 이어져, 대규모 식량 문제를 불러올 수 있다.

유목민의 삶이 우선이다

1. 인류의 문화 다양성이 낮아진다

유목민의 생활 양식은 수천 년간 지속돼 온 인류의 무형 자산이다. 사막화 방지를 이유로 이들을 강제로 이주시키면 유목민의 문화나 생활 양식이 사라지는 문제점이 나타난다. 생물 다양성이 중요하듯 문화 다양성도 중요하다.

2. 유목민을 이주시키기보다 환경 복원이 더 효과적이다

유목민이 이주한다 해도 이미 사막화가 일어나는 지역에서 자연의 회복을 기다리는 일은 요원하다. 지금까지 이어져 온 유목민의 삶을 보존하면서 사막과 초원의 경계 지역을 대규모의 녹색 울타리로 바꾸려는 실질적인 노력이 중요하다.

3. 사막화는 과학 기술로 극복할 수 있다

기후 위기에 따른 사막화 문제는 새로운 기술 혁신을 통해 극복이 가능하다. 토양의 수분을 보존하는 기술, 안개를 활용해 물을 얻는 기술 등을 통해 사막 지역에서 물 공급이 가능한 시스템을 구축할 여지가 충분하다.

가젤의 초원을 지키려면

5 ─────────────

순록과
판도라의 상자

안녕. 나는 순록이야. 아마도 나를 직접 본 사람은 거의 없을 거야. 한

국에서 가장 큰 동물원인 서울대공원에 가도 나를 만날 수 없거든.

뭐? 나를 봤다고? 아마도 그런 착각을 했다면 나의 먼 친척인 사슴을 본 거겠지. 나는 사슴과에 속하기에 얼핏 보면 사슴과 많이 닮았거든. 하지만 사슴과는 유전학적으로 꽤 먼 길을 걸어왔어. 비유하자면 사람과 오랑우탄 정도의 차이라고 할까? 우리 순록과 사슴의 생활환경에는 큰 차이가 있어. 나는 오래전 극지방에 가까운 툰드라 지역으로 이동해 강한 추위와 척박한 환경에 견딜 수 있도록 진화했거든. 이 노래는 다들 알지? '루돌프 사슴 코는 매우 반짝이는 코.' 사실 루돌프는 사슴이 아니라 순록이야.

그건 그렇고 요즘 우리 순록은 겨울철 먹이를 구하기 힘든 상황에 놓였어. 우리의 주식은 살얼음 속에 숨은 이끼인데, 얼음이 두꺼워지는 바람에 발로 파내기 힘들어졌거든. 예년보다 비가 많이 오는 것 같더니만, 결국 얼음이 두툼해졌지 뭐야. 설상가상으로 더 추운 곳에 있어야 할 북극곰이 우리가 사는 영역으로 자주 내려와 호시탐탐 목숨을 노리는 상황이기도 해. 내가 사는 툰드라 지역에 최근 어떤 일이 벌어지고 있는 거니? 누가 속 시원하게 알려 줬으면……

툰드라, 혹독한 추위 속의 황무지

애니메이션 「겨울왕국」의 귀염둥이 '스벤'을 기억하나요? 눈사람 올라프와 멋지게 단짝을 이루었던 스벤이 바로 순록이지요. 순록은 툰드라 기후에서 서식하는 동물로 몸무게가 많이 나가면 300kg에 달하고, 여러 갈래의 큰 뿔을 가지고 있어요.

툰드라(Tundra)는 러시아어로 '고지대' 또는 '나무 없는 산'이라는 뜻입니다. 해발 고도가 매우 높아서 기온이 낮거나, 나무가 자랄 수 없는 곳을 말하지요. 나무는 대체로 가장 따뜻한 달의 평균 기온이 10℃ 이상이 되는 조건을 갖춘 곳에서 자라거든요. 그래서 툰드라 지역의 범위는 주로 나무가 더 이상 자라지 못하는 수목 한계 지역에서부터 극지방까지입니다. 지도를 펼쳐 이러한 조건을 갖춘 곳을 짚어 보면, 알래스카 북부, 유라시아 대륙 북부, 그린란드 해변, 남극 해변 정도가 있습니다. 또한 해발 고도가 높아 기온이 낮은 티베트고원, 히말라야산맥, 로키산맥, 안데스산맥 등의 정상부에서도 툰드라 기후가 나타납니다. 툰드라 지역은 혹독할 정도로 춥

→ 스발바르 제도의 툰드라 지역 풍경.

지만 극지방과는 생태적으로 엄연한 차이를 보입니다. 극지
방은 1년 내내 얼음이 녹지 않는 반면에 툰드라는 짧지만 여
름이 있어 식생이 자랄 수 있거든요.

　툰드라 지역의 생물 종은 그리 다양하지 않지만, 앞서 소개
한 순록을 비롯해 북극여우, 사향소, 흰올빼미 등이 살고 있
습니다. 툰드라에 동물이 살 수 있는 것은 여름철 평균 기온
이 영상으로 오르기 때문입니다. 이때 녹조류 등이 자랄 수
있거든요. 순록은 이를 먹이로 삼아 떼를 지어 이동하면서 툰
드라의 척박한 환경에 적응해 왔습니다.

일본 자동차 기업 토요타는 툰드라라는 이름의 픽업트럭을 판매하고 있습니다. 포장된 도로가 아닌 곳도 잘 달릴 수 있다는 점을 내세우기 위해 이런 이름을 지었다고 해요. 그도 그럴 것이 차로 툰드라 지역을 달리는 일은 매우 어렵습니다. 여름철 2~3개월 정도 기온이 영상으로 오르면 겨우내 얼어 있던 지표와 가까운 토양이 잠시 녹아 질펀해지지요. 지리학에선 이렇게 질펀해진 땅을 '활동층'이라고 부릅니다.

하지만 여름철에 지표면과 가까운 땅이 잠시 녹을 뿐, 그 속까지 모두 녹지는 않습니다. 그래서 일정 깊이의 활동층 아래에는 1년 내내 얼어 있는 '영구 동토층'이 나타납니다. 가령 영하 20℃로 유지되는 냉동실에서 아이스크림 통을 꺼내 잠시 실온에 두었다고 생각해 보세요. 윗부분은 녹아서 질펀해지겠지만, 아이스크림의 속 부분은 여전히 얼어 있는 상태로 남습니다. 아이스크림의 윗부분을 활동층, 속 부분을 영구 동토층으로 보면 이해가 쉽습니다.

영구 동토라는 말은 '영원히 얼어 있는 땅'이라는 뜻이지만, 엄밀히 따지면 그렇지는 않습니다. 지리적으로 영구 동토층은 2년 이상 온도가 0℃ 이하인 땅을 뜻합니다. 지역적으로

활동층

영구동토층

얼지 않는 층

→ 영구 동토층은 주로 북극과 남극에 가까운 고위도 지역이나 저위도의 고지대에 분포한다.

는 북극과 가까운 러시아 북부, 캐나다 및 미국 알래스카 북부에 영구 동토층이 형성되어 있습니다. 이는 북반구 땅의 약 25%에 해당하는 면적이지요. 극지방과 가까운 곳은 그 두께가 수백 미터에 이르고, 땅이 녹지 않은 기간이 수백만 년에 달하기도 합니다. 영구 동토층의 두께는 결국 그 지역에 얼마나 오랫동안 영하의 기온이 지속됐는지를 알려 주는 척도인 셈이지요.

판도라의 상자가 열리면

판도라의 상자는 그리스 신화에 등장하는 것으로, 최고신 제우스가 온갖 불행과 재앙을 넣어 둔 상자이지요. 제우스는 판도라에게 이 상자를 안겨 주며 절대 열어 보지 말 것을 당부하며 인간 세상에 내려 보냈습니다. 호기심이 생긴 판도라가 제우스의 말을 어기고 상자를 열었더니 모든 불행과 재앙이 인간 세상으로 쏟아져 나왔고, 판도라가 급히 상자를 닫아 희망만이 그 속에 남았다고 알려져 있지요. 흥미롭게도 기후 위기의 관점에서 툰드라의 영구 동토층은 판도라의 상자와 닮았습니다. 영구 동토층이 녹으면 판도라의 상자가 열린 것처럼 재앙이 쏟아질 수 있기 때문입니다.

기후 위기로 지구 평균 기온이 상승하면서 툰드라의 영구 동토층 면적은 좁아지고 있습니다. 한 연구팀은 캐나다 북부 몇 곳을 정해 영구 동토층의 온도 변화를 주기적으로 관찰한 결과 평균 0.29~1℃ 정도 상승했다고 밝혔습니다. 기온이 1℃ 오르면 얼음이 녹는 비율인 해빙률이 무려 3배 높아집니다. 앞으로 온도가 계속 오를 것으로 예상되는 만큼 영구 동토층이 녹는 속도 또한 더욱 빨라질 것입니다.

영구 동토층의 소멸을 단순히 얼음이 녹는 현상으로 봐서는 곤란합니다. 가장 경계해야 하는 것은 영구 동토층에 잠들어 있던 미생물입니다. 영구 동토층에는 동식물의 사체와 미생물이 많이 묻혀 있습니다. 기온이 오르며 영구 동토가 녹으면 영하의 기온에서 활동력을 잃고 잠들어 있던 미생물이 서서히 기지개를 켭니다. 활성화된 미생물은 동물의 사체와 같은 유기물을 분해하면서 이산화탄소와 메탄가스를 만들어 내지요. 여기서 잠깐! 이산화탄소와 메탄가스라고 하니 떠오르는 공통점이 있지요? 네, 맞아요. 두 기체는 온실가스예요. 결국 영구 동토층이 녹으면 지구 온난화는 더욱더 빨라질 것입니다. 나아가 지구가 더워지면 영구 동토층이 녹는 범위가 넓어지고 속도도 빨라질 테니, 그야말로 악순환이 될 수 있지요.

영구 동토층에 잠들어 있던 미생물 중에는 직접적으로 생명을 위협하는 바이러스도 있습니다. 가장 대표적인 사례가 2016년 시베리아 툰드라 야말반도에서 12세 소년 1명과 약 2300마리의 순록이 탄저병으로 죽은 사건입니다. 탄저병은 탄저균에 감염되면 생기는 질병입니다. 그런데 야말반도에서 마지막 탄저병이 발병한 것은 75년 전의 일이었지요. 과학자들은 영구 동토층이 녹으며 탄저병으로 죽은 순록의 사체에서 탄저균이 되살아난 것으로 분석하고 있습니다.

이 사건은 오래전 창궐했던 바이러스가 되살아날 수 있다는 공포감을 줍니다. 여러 연구들은 과거 인류에게 큰 피해를 주었던 스페인 독감 바이러스와 천연두 바이러스 역시 영구 동토층에 잠복해 있다고 경고했습니다. 심지어 과학자들은 영구 동토층을 녹여 이미 3만 년 전에 사라진 바이러스를 복원하기도 했습니다. 과거의 바이러스가 깨어나는 일은 상상에 그치지 않을 것입니다. '툰드라의 상자'가 열리는 일이 달갑지 않은 이유입니다.

희망을 주장하는 사람들

어떤 이들은 판도라의 상자 이야기처럼 '툰드라의 상자'가 열리고 나면 희망이 남을 것이라고 주장하기도 합니다. 북극을

→ 쇄빙선은 얼음을 깨서 뱃길을 만드는 배로, 얼음으로 뒤덮인 바다를 이동할 때 사용된다.

중심으로 지구본을 살펴본 적이 있나요? 이렇게 보면 북극해는 유라시아 대륙과 북미 대륙, 그리고 그린란드에 둘러싸인 내해(內海)임을 새삼 알게 되지요. 마치 유럽, 아시아, 아프리카 대륙에 둘러싸인 지중해 같습니다. 하지만 북극해에는 커다란 빙하가 많고 얼어 있는 바다의 면적이 넓어서 북극해를 통과해 다른 대륙으로 가는 데 어려움이 많습니다. 만약 이 얼음이 모두 사라지면 어떻게 될까요? 지금은 멀리 빙 돌아가는 길을 바로 갈 수 있으니 이동 시간과 비용을 획기적으로 줄일 수 있겠지요. 예를 들어 부산에서 출발해 네덜란드 로테르담까지 운항하는 무역선의 경우, 북극해를 이용했을 때 동남아시아와 수에즈 운하를 통하는 바닷길보다 약 7000km의 거리를 단축할 수 있습니다. 쇄빙선의 도움 없이 북극 항로를 오가게 될 경우 경제적 이득은 확실해 보입니다.

툰드라 지역의 영구 동토층이 녹고 북극해가 열리면 그 안에 잠들어 있는 천연자원도 함께 열립니다. 북극해에는 대륙붕이 넓게 펼쳐져 있기에 많은 지하자원이 매장되어 있을 것으로 예상됩니다. 과거 대륙붕에 쌓인 생물의 유해는 오늘날 석유나 천연가스로 변해 모습을 드러내고 있습니다. 북극권은 지구 표면적의 약 6%에 불과하지만, 채굴 가능한 석유와 천연가스의 양은 상당할 것입니다.

최근 북극해와 접한 러시아, 미국, 캐나다, 노르웨이 등은 쇄빙선을 활용해 자원의 매장량을 파악하는 데 열중하고 있습니다. 미국 지질조사국의 추정에 따르면, 이 지역의 석유와 천연가스 매장량은 각각 세계 매장량의 약 13%와 30%에 이릅니다. 북극해의 막대한 천연자원은 '콜드러시(Cold Rush)'

북극 항로
1만 5000km

북아메리카

네덜란드
(로테르담)

북극해

유럽

러시아

수에즈
운하

아시아

한국
(부산)

중국

기존 항로
2만 2000km

를 유발하고 있습니다. 콜드러시는 19세기 중반 미국 캘리포니아주에서 금이 발견되자, 그 이듬해 수많은 사람이 금을 캐기 위해 몰려간 인구 이동을 표현한 '골드러시(Gold Rush)'에서 따온 말이지요. 지구상 마지막 미개척지인 극지방 개발에 관한 열기가 얼마나 뜨거운지 느끼게 하는 말입니다.

혹자는 툰드라의 녹지화로 생겨난 식물이 더 많은 온실가스를 흡수하면, 외려 온난화의 속도를 늦출 수 있지 않을까 생각하기도 합니다. 한 연구팀은 위성 사진을 분석해, 2016년 툰드라의 녹지 면적이 2000년보다 약 38% 증가했다고 밝히기도 했습니다. 녹지화의 속도와 툰드라 해빙의 속도가 균형점을 찾는다면, 온난화의 걱정을 덜 수 있을까요? 하지만 미국항공우주국은 2018년 실험을 통해 북극 영구 동토가 녹는 속도가 너무 빠르기 때문에 새로 조성된 녹지의 식물이나 조류의 광합성으로는 온난화를 막기 어렵다는 결론을 내린 바 있습니다. 한번 녹기 시작한 영구 동토층은 커다란 물웅덩이를 만들어 내 더 빠른 속도로 얼음을 녹이기 때문입니다.

북극해가 열리고 천연자원 경쟁이 본격화되면 분쟁과 환경 오염이라는 변수가 따라올 가능성이 큽니다. 원유를 운반

하는 유조선이 북극해에서 좌초되기라도 한다면, 큰 해양 오염 사고로 이어질 테니까요. 북극해는 안으로 닫힌 바다입니다. 지리적인 특성상 해양 사고의 파급력이 더 클 수밖에 없지요.

여러 사실을 종합해 봤을 때 '툰드라의 상자'가 열리는 이벤트를 희망적으로 보기는 어렵습니다. 인간이 만든 상자라면야, 열린 이후의 상황을 예측할 수 있고 해결책을 마련할 수도 있을 것입니다. 하지만 툰드라를 만든 것은 자연입니다. 뛰어난 수준의 과학 기술 발전을 이루어 낸 인류라지만, 자연에 관해서는 어떤 것도 완벽하게 예측할 수 없는 것이 현실이지요. 당장 내일의 날씨도 확신이 아닌 확률로만 제시할 수 있으니까요. 이제라도 툰드라 해빙의 속도를 늦추는 일이 우리가 해야 할 일이 아닐까요?

최후의 인류에게
남기고 싶은 것

노르웨이령 스발바르 제도는 노르웨이 본토에서 북쪽으로 약 850km 떨어져 있습니다. 9개의 주요 섬을 비롯해 수많은 작은 섬으로 구성된 스발바르 제도는 북극해에 위치해 있지요. '스발바르'는 노르웨이어로 '차가운 가장자리'라는 의미인데요, 실제로 북위 74~81°도 사이의 고위도에 있어 1년 내내 빙하로 덮여 있는 곳이 많습니다.

  스발바르 제도에는 여러 흥미로운 시설이 들어서 있습니다. 대한민국의 다산과학기지도 이곳에 있는데요, 다산기지에서는 남극의 세종기지와 마찬가지로 극지방의 기후와 환경을 탐사하고 있습니다. 스발바르 제도에서 가장 유명한 시설은 국제종자보관소입니다. 국제종자보관소가 세워진 이유는 다소 암울합니다. 인류가 최후의 날을 맞을 수 있으니, 혹여 그날이 오면 이곳의 종자를 이용해 새로운 식량원을 개발하라는 취지거든요. 마치 성경에 나오는 노아의 방주처럼 운명의 날을 대비해 약 90만 가지의 식량 종자를 보관하는 게 국제종자보관소의 역할입니다.

인류 식량의 최후의 보루가 있을 곳이라면 허술해서는 안 되겠지요? 그래서 선택된 곳이 냉동실처럼 자연 상태에서도 녹지 않는 영구 동토층이 있고, 해수면이 오르더라도 끄떡없는 고지대에 위치한 롱위에아르뷔엔입니다.

국제종자보관소가 큰 화제가 되었기 때문일까요? 뒤를 이어 롱위에아르뷔엔에 세계기록보관소가 들어섰습니다. 전쟁 등 예측할 수 없는 사태로 인한 데이터 유실에 대비해 오픈 소스 소프트웨어를 보관하고 있지요. 한편, 여러분도 한 번쯤 먹어 봤을 과자 '오레오'를 만드는 오레오사는 이곳에 오레오 전용 저장고를 만들었습니다. 과자의 레시피와 샘플 및 완제품을 보관해 대재앙이 찾아오더라도 오레오를 먹을 수 있게 한다면서요.

최근 기후 변화의 속도가 빨라지면서 스발바르 제도의 기온 또한 꾸준히 오르고 있습니다. 만에 하나 이곳의 영구 동토층이 기대와 달리 본연의 기능을 잃는다면, 지금까지의 노력은 물거품이 될 수도 있겠지요.

기후 토론 ✏️

극지방의 해빙은
기회일까, 위기일까?

기회이다

1. 북극 항로가 열린다

2022년 러시아는 45조 원을 들여 2035년까지 북극 항로를 완벽하게 구축하겠다고 발표했다. 쇄빙선의 도움 없이 북극해를 통과한다면, 우리나라에서 유럽으로 가는 배들은 수에즈 운하를 이용하던 기존 항로보다 거리와 운항 일수를 대폭 단축해 경제적 이득을 얻을 수 있다.

2. 해저 케이블을 놓을 수 있다

해저 케이블은 네트워크 유지의 핵심 시설이다. 해외 사이트에서 물건을 구매하거나 외국에 있는 친구와 실시간으로 소통하기 위해서는 해저 케이블이 필요하다. 북극의 해빙 면적이 늘어나 북극해를 관통하는 해저 케이블을 놓으면 극지방의 인터넷 사용이 원활해져 정보 격차를 줄일 수 있다.

3. 어획량이 증가한다

기후 위기에 따른 해수 온도 상승으로 많은 어종이 북극 해역으로 서식지를 옮기고 있다. 극지방이 해빙되어 어선이 자유롭게 드나들면 어획량이 크게 증가할 것이다. 비슷한 맥락에서 신약, 신소재 등에 쓰일 수 있는 원재료를 발굴할 수 있어 의약 분야에도 도움이 된다.

위기이다

1. 예기치 않은 환경 재앙이나 감염병이 발생한다

영구 동토층에는 고대의 미생물부터 산업화 과정 이후 발생한 다양한 오염 물질 및 방사능 물질이 쌓여 있을 것으로 추정된다. 영구 동토층이 녹으면 이들이 빠른 속도로 방출되어 예상치 못한 환경 재앙이나 감염병이 발생할 수 있다.

2. 대규모 온실가스가 방출된다

영구 동토층의 얼음에는 엄청난 양의 이산화탄소와 메탄가스가 매장돼 있다. 특히 이산화탄소보다 약 80배 이상의 온실 효과를 내는 메탄이 많은 것이 큰 골칫거리이다. 얼음이 녹으면 온실가스가 나와 기후 변화가 급속도로 진행될 수 있다.

3. 거대한 화재가 발생할 수 있다

최근 기후 위기로 기온이 오르면서 극지방의 영구 동토층에는 번개와 같은 자연 현상이 빈번하게 일어나고 있다. 만에 하나 번개로 영구 동토층에 불이 붙으면 그 안에 매장된 이탄에 옮겨붙어 거대한 화재가 날 수 있다. 이탄은 석탄이 되기 전 단계의 물질로 연소되면 다량의 이산화탄소가 발생한다.

우는토끼와
동계 올림픽

안녕? 나는 우는토끼야. 이름이 재미있지? 위험을 느끼거나 짝을 찾

을 때면 소프라노처럼 고음을 내서 이런 이름을 갖게 됐어. 영어로는

피카(Pika)라고 불리는데, 혹시 뭐 생각나는 거 없니? 피카, 피카 피

카! 그래 맞아. 귀여운 '피카츄'는 내 덕분에 탄생할 수 있었지. 얼핏 내 겉모습을 보고 쥐로 착각할 수 있지만, 나는 토끼의 먼 친척으로 15㎝ 내외의 아주 작은 몸집과 앙증맞은 외모를 지녔어. 세계 여러 곳에서 30여 종으로 진화해 살고 있는데 '한반도의 지붕'이라 불리는 개마고원에서도 살아. 내가 사는 곳은 모두 해발 2000m 이상의 고산 초원이라는 공통점이 있지. 고산 초원은 이름 그대로 높은 곳에 만들어진 초원을 뜻해. 지리적으로 나무가 자랄 수 있는 최대한의 고도, 그 이상의 지역에 분포하기 때문에 그동안은 더위나 먹이 걱정 없이 지낼 수 있었어. 그런데 요즘 들어 하루하루 생존에 심각한 위기감을 느껴. 나에게 가장 중요한 먹이인 고산 초원의 풀을 구하기가 어려워지고 있거든. 게다가 날이 갈수록 더워지는 느낌이 들어. 나는 영하 30℃ 정도의 강추위는 잘 견디지만, 따뜻한 날씨는 견디기가 힘들거든. 그래서 알고 싶어. 최근 내 주변에서는 어째서 이런 변화가 일어나는 걸까?

산악 빙하를 배경으로 펼쳐지는 올림픽

2018년 우리나라에서 열렸던 평창 동계 올림픽을 기억하나요? 1988년 서울 하계 올림픽 이후, 정확히 30년 만에 개최한 올림픽이라 국민들도 많은 관심을 가졌지요. 여러 경기에서 보는 이를 울고 웃게 만든 명장면이 나왔지만, 가장 큰 주목을 받은 것은 아무래도 컬링 여자부 경기가 아닐까 싶습니다. 이때까지만 해도 컬링은 국민적 관심도가 매우 낮은 종목이었어요. 우리나라 여자부 컬링팀은 처음으로 올림픽에 출전한 것이었고요. 하지만 숱한 명승부를 펼쳐 내며 사람들의 마음을 사로잡았지요. 올림픽이 끝나고 한국갤럽에서 성인 1800명을 대상으로 설문 조사를 진행했는데, 전체 응답자의 약 70%가 가장 흥미롭게 본 종목으로 컬링을 꼽았다고 해요. 컬링은 쇼트트랙, 스피드스케이팅 등과 함께 인기 종목으로 부상했고, 이 열기는 2022년 베이징 동계 올림픽으로까지 이어졌지요.

우리나라에서는 실내 빙상 스포츠가 인기를 끌고 있지만 동계 올림픽의 꽃은 뭐니 뭐니 해도 새하얀 설원에서 펼쳐

→ 알파인 스키는 높은 산의 가파른 경사면을 활강하는 스포츠다.

지는 알파인 경기입니다. 알파인(Alpine)은 '알프스산의'라는 의미를 가진 단어로 원래는 알프스산맥과 산악 지역에 관한 것을 뜻합니다. 동계 올림픽의 대표 종목인 알파인 스키는 '알프스산맥의 산악 계곡에 덮인 눈 사이에서 펼쳐지는 스키'라는 뜻이지만 현재는 스키 종목의 일종으로 의미가 확대되었습니다. 눈 쌓인 아름다운 산악 지대를 자동차처럼 빠른 속도로 내려가는 스키어의 몸짓은 보는 이의 손에 땀을 쥐게 만듭니다.

최초의 동계 올림픽은 1924년 프랑스 샤모니 지방에서 열렸습니다. 샤모니는 알프스산맥에 기댄 작은 도시입니다. 주변에 거대한 산지와 산악 빙하가 즐비하지요. 샤모니 마을의 뒤를 받치는 산은 몽블랑산입니다. 4807m의 몽블랑산은 알프스산맥의 가장 높은 봉우리로 이탈리아와 프랑스 사이에 위치해 있습니다. 몽블랑산이 펼쳐 낸 아름다운 산악 빙하는 작은 시골 마을이었던 샤모니를 초대 동계 올림픽 개최지로 만들어 주었죠. 뾰족뾰족 하늘과 맞닿은 몽블랑산의 아름다운 산악 빙하는 절경 그 자체입니다.

여러분은 혹시 높은 산에 올라 본 적이 있나요? 등산을 해 보면 높이 오를수록 기온이 내려가 점점 추워지는 것을 느낄 수 있습니다. 고도에 따라 기온이 낮아지는 이유는 바로 '지구 복사 에너지'가 낮아지기 때문입니다.

지구는 낮 동안 태양으로부터 받은 에너지를 밤에 내보내는데요, 아무래도 지표면과 가까운 곳이 더 따뜻할 수밖에 없습니다. 물론, 높은 산지에서도 지구 복사 에너지는 방출되지만, 바람이 강해 따뜻한 공기가 사방으로 금세 흩어져 버린답니다. 이같은 원리로 대기권에서 가장 낮은 층에 해당하는 대류권에서는 고도가 1km 높아질 때마다 기온이 약 6.5℃씩

→ 산악 빙하를 자랑하는 몽블랑산의 모습.

내려갑니다. 100m로 보자면 약 0.65℃씩 내려가는 셈이지요. 높은 산꼭대기 근처의 온도는 사시사철 영하를 밑돌게 됩니다. 따라서 산이 빙하를 품으려면 그만큼 해발 고도가 높아야 합니다.

산악 빙하는 신기 조산대에 열 지어 발달해 있습니다. 조산대는 만들 조(造), 뫼 산(山), 띠 대(帶)를 합한 말인데요, 뜻을 이으면 '산지가 띠처럼 이어져 만들어진 곳'을 의미합니다. 여기에 신기(新期)라는 말은 비교적 최근에 만들어진 조산대라는 뜻이지요. 신기 조산대는 주로 신생대 이후 또는 중생대 말기 이후에 조산 운동이 이루어진 곳으로, 현재까지 조산 운동이 진행 중인 경우도 있습니다. 대표적인 신기 조산대로는 환태평양 조산대와 알프스-히말라야 조산대가 있습니다.

역대 동계 올림픽은 주로 산악 빙하가 발달한 곳에서 열렸습니다. 북아메리카 대륙에서는 높고 험준한 로키산맥에 기댄 미국의 솔트레이크시티와 캐나다의 밴쿠버 등에서, 유럽에서는 알프스산맥에 기댄 이탈리아의 토리노와 프랑스의 알베르빌 등에서 동계 올림픽이 개최되었지요. 이들 지역의 산악 빙하는 동계 올림픽, 특히 알파인 경기를 치르는 데 적합했습니다.

동계 올림픽이 남긴 과제

산악 빙하가 없는 곳에서는 동계 올림픽을 열 수 없을까요? 그렇지 않습니다. 우리나라의 평창만 해도 산악 빙하가 없지요. 그럼에도 우리나라가 동계 올림픽을 개최할 수 있었던 것은 지리적 조건 덕분입니다.

겨울철 우리나라는 저 멀리 시베리아에서 발달한 차가운 시베리아 기단의 영향을 받습니다. 시베리아의 드넓은 들판에는 북극에서 밀려 내려온 차가운 공기가 꾸준히 쌓이고, 이 공기는 겨울로 접어들면서 한반도를 향해 서서히 내려옵니다. 우리나라를 기준으로 보면, 북서쪽에서 차가운 바람이 불어오는 것이기에 '북서 계절풍'이라고 부르지요.

차가운 북서 계절풍은 상대적으로 따뜻한 황해 바다를 지나면서 바다의 습기를 머금게 됩니다. 차가우면서도 습한 공기는 태백산맥의 경사진 면을 따라 올라가면서 눈구름으로 발달합니다. 이 눈구름은 평창 일대에 눈을 내립니다. 이렇게 내리는 눈의 원리를 일컬어 '지형성 강설'이라 부르지요. 같은 논리로 만약 시베리아 기단이 한반도의 동쪽으로 세력을 확장하는 시기라면, 동해를 지나며 발달한 눈구름이 태백산맥을 만나면서 동해에 가까운 해안 지역이나 가파른 화산섬인 울릉도에 지형성 강설을 내립니다.

1952년, 1994년 두 번의 동계 올림픽을 개최한 노르웨이의 지리적 조건 또한 흥미롭습니다. 지도에서 노르웨이 서부 해

→ 수증기를 가진 공기가 산지를 만나 상승하면, 상승한 공기는 응결되어 구름이 된다. 이 때 비나 눈이 내리는 강수의 형태를 '지형성 강수'라고 한다.

안 지역을 살펴보면, 스칸디나비아산맥을 따라 산악 빙하가 발달해 있음을 알 수 있습니다. 하지만 노르웨이의 땅은 지질학적으로 고생대 이후 지각 운동으로 형성된 고기 조산대에 속합니다. 그래서 노르웨이의 스칸디나비아산맥은 오랜 침식으로 고도가 낮고 산세가 완만하다는 특징을 지닙니다. 그럼에도 산악 빙하가 잘 발달할 수 있었던 것은 위도 때문입니다.

노르웨이의 국토는 대부분 북위 60° 이상에 속해 있어, 기본적으로 매우 춥습니다. 대서양에서 불어오는 습윤한 바람이 차가운 스칸디나비아산맥을 만나 꾸준히 '지형성 강설'을 내립니다. 차곡차곡 산지 사이에 쌓인 눈은 고위도의 낮은 기온 덕에 녹지 않고 산악 빙하로 남게 되었지요.

한편, 2022년 동계 올림픽이 열린 중국 베이징의 장자커우는 산악 빙하가 발달할 수 있는 신기 조산대도 아니고, 지형성 강설이 탁월한 곳도 아닙니다. 이런 곳에서 어떻게 알파인 경기를 할 수 있었을까요? 바로 인공 강설 덕입니다. 장자커우에서는 막대한 양의 인공 강설로 슬로프를 조성해 알파인 경기를 치를 수 있었습니다. 이가 없으면 잇몸으로 씹어야 하듯, 인간의 기술력으로 자연조건의 불리함을 극복해 낸 사례입니다. 하지만 이렇게 인공적으로 눈을 만들면 너무나 많은 물이 드는 동시에 만든 눈을 녹지 않게 하는 데 별도의 첨가물이 들어가 환경에 영향을 주게 됩니다.

동계 올림픽이 국가의 위상을 드러내는 이벤트임은 부인할 수 없는 사실이지만 올림픽은 안타깝게도 여러 환경 문제를 남깁니다. 이는 평창 동계 올림픽의 경우도 마찬가지였습니다. 특히 가리왕산 스키장 건설 문제가 그렇지요. 가리왕산의 수목은 조선 시대부터 국가가 보호림으로 관리해 왔을 정도로 오랫동안 그 가치가 높게 인정되어 왔습니다. 하지만 스키장 건설을 이유로 약 10만 그루의 나무가 벌목당했습니다. 강원도는 스키장 일대를 숲으로 복원하는 것을 전제로 사업을 진행했지만, 올림픽이 끝난 후에도 약속은 지켜지지 않고 있습니다. 사라진 약 10만 그루의 나무만큼이나 안타까운 일은 기후 위기로 집중 호우가 잦아져 산사태 발생 가능성이 높아졌다는 것입니다. 실제로 2022년 여름, 우려했던 산사태가 일어나기도 했습니다.

올림픽 개최는 국가 경쟁력 향상과 관광 등의 경제적 효과를 불러옵니다. 하지만 이를 위해 희생된 자연환경을 복원하는 일은 당장의 경제적 이득을 담보하지 않기에 관심에서 멀어지기 일쑤이지요.

산악 빙하가 사라지고 있다

다가올 미래에는 기후 위기로 동계 올림픽 개최가 힘들 수 있습니다. 지구 평균 기온이 상승하면 제아무리 인공 눈을 만들어도 금방 녹고 말 것이기 때문입니다. 아름다운 설원이 사라진 동계 올림픽은 아직은 상상하기 싫은 미래입니다.

산악 빙하가 사라지는 속도는 생각보다 매우 빠릅니다. 기후변화에관한정부간협의체(IPCC)에 따르면, 신기 조산대에 속한 약 600여 곳의 산악 빙하가 사라졌거나 사라지는 중입니다. 이는 온전히 지구 평균 기온의 상승 때문입니다. 기온이 약 1℃ 오르면 빙하는 150m가량 고지대로 후퇴하는 효과가 나타납니다. 이따금 찾아오는 폭염 역시 빙하 소멸을 촉진하고 있습니다.

산악 빙하의 해빙은 알파인 경기 말고도 인간의 삶에 많은 영향을 미칩니다. 산악 빙하는 '천연 물탱크'로서 여러 강의 수원 역할을 하기 때문입니다.

미국 서부 캘리포니아주는 농작물 재배로 유명합니다. 아마 여러분도 마트에서 캘리포니아산 오렌지나 아몬드를 본 적이 있을 거예요. 캘리포니아주는 강수량이 풍부한 곳이 아니지만, 주변을 병풍처럼 둘러싼 시에라네바다산맥의 빙하가 녹은 물이 하천과 지하수를 만들어 주어 견과류와 오렌지, 포도, 쌀 등을 재배할 수 있지요.

히말라야산맥의 산악 빙하는 갠지스강, 브라마푸트라강 등 아시아 주요 하천의 수원입니다. 눈 녹은 물이 하천을 이루면 비옥한 충적 평야가 조성됩니다. 충적 평야는 '부드럽게 쌓여 만들어진 평야'라는 뜻인데 유속이 느려지는 지점에 물에 운반되던 물질이 자연스럽게 퇴적되는 과정에서 넓고 평탄한 데다가 심지어 비옥하기까지 한 공간이 만들어지는 것이지요. 이곳 충적 평야에 기대어 살아가는 사람의 수가 약 10억 명 정도라고 하니, 산악 빙하의 존재가 새삼 중요한 의미로 다가옵니다.

편의점에 가면 산악 빙하가 그려진 생수 에비앙을 만날 수 있습니다. 에비앙은 알프스 산악 빙하와 멀지 않은 곳에 자리 잡은 프랑스의 작은 마을입니다. 생수 에비앙은 산악 빙하가 녹아 만들어진 물로 여느 유럽 지역의 물보다 깨끗한 물이라는 이미지를 줍니다. 실제로 대부분 지역의 기반암이 석회암이라 물맛이 좋지 않은 유럽에서 빙하 녹은 물은 경쟁력이 높습니다. 만약 산악 빙하가 완전히 사라진다면, 에비앙 생수는 생산되기 어려울 것입니다. 기후 위기가 계속된다면 그리 멀지 않은 시점의 이야기이기도 합니다.

적도의 저지대에서 바라보는 산악 빙하의 모습은 자연의 경이로움을 느끼게 할 정도로 아름답습니다. 적도와 가까운 아프리카의 킬리만자로산과 케냐산, 인도네시아의 푼착자야 산 정상부에도 산악 빙하가 발달해 있지요. 하지만 최근 들어 이들 산악 빙하는 빠르게 자취를 감추고 있습니다. 킬리만자로산의 빙하는 1986~2017년 동안 약 71%가 사라졌고, 비슷한 기간 푼착자야산의 빙하는 약 93%가 사라졌습니다.

남아메리카 페루의 우아스카란산도 사정이 비슷합니다. 기후 위기로 눈보다 비가 많이 내리자 산악 빙하가 녹는 속도는 더 빨라지고 있습니다. 이러한 현상은 안데스산맥의 산악 빙하를 보유한 국가라면 어디나 겪는 흔한 일이 되었습니다. 태평양을 건너 아시아 대륙의 히말라야산맥, 카라코람산맥에 가도 사정은 다르지 않습니다.

'세계의 지붕'이라고 불리는 티베트고원은 해발 고도 4500m 내외로 세계에서 가장 높고 넓은 고원입니다. 워낙 높은 곳에 마련된 너른 땅 자리라 기온이 매우 낮고 산악 빙하 또한 즐비하지요. 한 조사에 따르면, 이곳에 알려진 빙하의 수가 무려 4만 6000여 개나 된다고 합니다. 하지만 이곳의 산악 빙하도 최근 빠른 속도로 사라지고 있습니다. 1년에 약 7% 정도의 빙하가 녹아 없어지고 있으며, 2050년경에는 약 3분의 2가량의 빙하가 사라질 것이라는 예측도 있지요.

산악 빙하의 눈은 살멋살멋 저지대로 흘러가 천연 물탱크로서 훌륭한 기능을 담당해 왔지만, 빙하가 녹는 속도가 빨라지면서 '빙하 쓰나미'의 위험성이 커지고 있습니다. 가령 빙하 녹은 물로 만들어진 호수가 빠르게 흘러들어 온 유량을 감당하지 못하고 터지면 어떻게 될까요? 마치 댐이 무너진 것처럼 물난리가 일어날 것이 분명합니다.

게다가 세계 곳곳의 산악 빙하가 소멸되면 아무래도 그곳에 기대어 살던 사람과 동식물의 생태 질서가 변화하게 됩니다. 산악 빙하의 소멸로 이전에 없던 새로운 서식지가 만들어지거나 기존의 서식지가 없어질 수 있지요. 눈과 빙하가 사라지는 속도가 너무 빠르다면 많은 생물 종이 미처 그 변화에 대비하기 어려울 것입니다. 도시에서 생활 환경이 빠르게 변하면 슬럼화 등 다양한 문제가 나타나듯, 산악 빙하의 빠른 소멸은 산악 지역의 생태계에 큰 변화를 줄 수밖에 없습니다.

티베트고원의 우는토끼는 사람이 기르는 야크의 똥을 먹

으며 긴 겨울을 버팁니다. 야크의 소화 기관을 통과한 풀은 독성이 줄어 우는토끼에게 다양한 영양소와 수분을 제공하지요. 야크와 같은 초식 동물의 배설물은 잘 말리면 땔감으로 이용할 수 있어서 사람에게도 유용하답니다. 이렇듯 하얀 눈이 덮인 산악 빙하 곁에서 인간과 동물, 자연이 어우러져 살아가는 모습은 아름답기도 하고 꽤 흥미진진하기도 합니다. 하지만 기후 위기로 티베트고원의 산악 빙하가 빠르게 자취를 감추면, 인간과 자연의 관계는 물론이고 생태계의 변화가 불가피해질 것입니다.

산맥을 경계로
달라진 문화

유럽을 따라 동서로 초승달처럼 길게 이어진 알프스산맥은 그 지형의 배열 덕에 북쪽과 남쪽 지역에 비슷하면서도 각기 다른 문화를 남겼습니다.

알프스산맥 북쪽 지역에선 산악 빙하에서 흘러내린 물이 유럽 북부의 북해 연안으로 빠져나가면서 큰 강을 이룹니다. 독일의 라인강이 대표적이지요. 라인강은 경제적으로 매우 중요한 강입니다. 우선 강변을 따라 보리를 재배할 수 있게 해 독일의 맥주 문화 형성에 중요한 영향을 끼쳤습니다. 게다가 라인강은 1년 내내 안정적인 강수량이 유지되고 알프스산맥에서 공급되는 빙하 녹은 물 덕에 수위가 높아 커다란 화물선이 다닐 수 있습니다. 그래서 강변을 따라서 크고 작은 도시가 수운 네트워크를 형성하고 있습니다. 뮌헨, 베를린, 쾰른 등 라인강을 따라 주요 대도시의 맥주 양조장이 자리 잡은 것 역시 이러한 지리적 조건과 무관하지 않지요.

알프스산맥의 남쪽으로는 이탈리아의 롬바르디아 평원을 관통하는 포강

이 흐릅니다. 포강 유역의 평야에서는 벼를 재배합니다. 벼는 아열대성 작물로 성장기에 많은 물과 높은 기온을 필요로 하는데요, 알프스의 산악 빙하에서 공급되는 물 덕에, 건조한 여름철에도 물 공급이 원활하지요. 이탈리아 북부의 유명 요리인 리소토가 포강 유역에서 유래한 것은 그 때문이지요.

알프스산맥은 유럽의 포도 재배 지역을 나누는 경계선 역할도 합니다. 알프스산맥을 기준으로 북쪽은 포도 재배가 수월하지 않아 와인 문화가 아닌 맥주 문화가 발달하게 되었습니다. 반면, 남쪽의 이탈리아는 포도 재배가 가능한 덕에 토스카나, 피에몬테, 베네토 지역 등에서 세계적인 와인을 생산하고 있지요.

기후 토론 ✏️

올림픽 개최는
이득이 클까?

 이득이 크다

1. 낙후된 지역의 기반 시설을 확충할 수 있다

올림픽을 치르면서 선수단이 묵을 숙소, 경기장까지의 교통 시설, 관람객의 방문 시설 등 많은 사회 기반 시설을 만들게 된다. 상대적으로 인프라가 부족한 지역에서 올림픽이 개최된다면 지역 발전의 물꼬를 틀 수 있다.

2. 국가 이미지를 향상시킬 수 있다

올림픽을 개최하면 세계적인 관광지로 주목받게 된다. 올림픽 경기장과 기반 시설을 약간의 리모델링을 거쳐 기념관, 박물관 등으로 변경하면 관광객을 끌어 모을 수 있다. 나아가 국가 이미지 향상은 국제 무역에 긍정적인 영향을 주는 등 간접적인 경제 효과도 상당하다.

3. 보이지 않는 사회적 효과가 크다

올림픽이라는 세계적인 이벤트를 준비하고 개최하는 과정에서 다양한 사회적 논의가 이루어진다. 올림픽 개최를 통해 분열되었던 사회를 하나로 통합하는 효과도 기대할 수 있다. 나아가 시민들의 자발적인 봉사 활동 등 사회 참여가 활발해질 수 있다.

손실이 크다

1. 잘 따져 보면 경제적 이익이 크지 않다

각국에서는 시설 투자에 따른 직접적 경제 이익과 투자 유치를 통한 간접적 경제 이익을 모두 따져서 개최 여부를 판단한다. 하지만 역대 올림픽은 대부분 개최에 따른 경제 효과를 지나치게 높게 책정했다. 올림픽이 가져다주는 경제 효과는 기대에 미치지 못하는 경우가 많다.

2. 올림픽 이후 떠안아야 할 경제적 짐이 너무 크다

올림픽처럼 큰 규모의 행사를 준비하다 보면 시설에 투자된 금액이 예산의 범위를 초과하는 경우가 많다. 1960년 이래 치러진 올림픽의 예산 초과 비율은 평균 약 180%에 해당한다. 초과된 예산은 대부분 세금으로 충당해야 하기 때문에 그 뒷감당은 시민의 몫이 된다.

3. 한번 망가진 자연은 복원하기 어렵다

올림픽 경기장을 짓다 보면 산림 파괴, 수자원 오염, 자원 낭비 등의 환경 문제가 필연적으로 수반된다. 오랜 시간 그곳에서 만들어져 온 생태계가 파괴되면 복원하기가 쉽지 않다.

7

박쥐는
잘못이 없다

안녕? 나는 중국 남부 지역에 사는 관박쥐야. 나는 밤을 무척 좋아해.

낮에는 동굴에서 푹 쉬다가 밤이 되면 먹잇감을 찾아 바깥나들이를

할 수 있거든. 어두운 곳에서도 자유롭게 날아다닐 수 있는 것은 초음

파 덕분이야. 초음파는 너희 인간이 귀로 들을 수 있는 주파수를 넘는 범위에 해당하지. 나는 코와 입을 활용해 초음파를 보내고, 되돌아오는 메아리를 감지해 비행해. 2020년부터 세계를 공포로 몰아넣은 코로나19 바이러스 때문에 인간들이 많은 고생을 했다고 들었어. 그런데 세상에, 코로나19 유행이 우리 박쥐들 때문이라고 원망하는 사람도 있더라. 코로나19뿐 아니라 중증급성호흡기증후군(SARS)은 관박쥐와, 주기적으로 유행하는 에볼라는 과일박쥐와, 중동호흡기증후군(MERS)은 이집트무덤박쥐와 관련이 있다고 하니 나로서도 상당히 난감해. 하지만 따지고 보면 너희의 발길이 우리 야생 박쥐가 사는 산속 깊은 동굴까지 닿은 것이 문제인 것 같아. 기후 변화로 인해 우리 박쥐들이 서식지를 옮기면서 너희 인간들과 가까이 살게 된 탓도 있겠지만 결국 우리가 사는 곳으로 침범해 온 것은 너희잖아. 그런데도 감염병 창궐의 원인을 모두 우리에게 돌리는 것은 정말 억울한 일이야. 우리는 잘못이 없어. 너희가 감염병으로 고통을 겪는 일은 안타깝지만, 더 이상 우리를 탓하지 않았으면 해. 그리고 궁금해. 우리는 멀쩡한데 너희는 왜 그렇게 아팠을까?

박쥐는 감염되지 않는다

박쥐라고 해서 다 똑같은 박쥐가 아니랍니다. 박쥐는 전 세계 포유류 종의 약 20%를 차지할 정도로 다양하게 진화했거든요. 지난 1억 년 동안 전 세계 곳곳에서 약 1200여 종으로 진화해 왔지요. 박쥐가 이렇게 세계 곳곳에 퍼져 다양한 모습으로 살게 된 데에는 하늘을 나는 능력의 영향도 있었습니다. 손가락을 길게 늘여 피부를 날개처럼 넓게 펼쳐 내는 박쥐는 유일하게 하늘을 나는 포유동물이지요. 박쥐는 다양한 종으로 진화하는 동안 여러 질병에 맞서는 면역력과 환경에 적응하는 능력을 길렀답니다. 그래서 몸속에 다양한 바이러스를 갖고 있으면서도 감염되지 않은 채 살아가요. 미국의 한 연구에 따르면, 박쥐목은 무려 156종의 인수 공통 바이러스를 갖고 있다고 해요. 인수 공통 바이러스란 동물과 사람이 서로에게 전파할 수 있는 바이러스를 말해요.

박쥐는 바이러스에게 상당히 매력적인 숙주입니다. 박쥐 자신은 감염되지 않은 채로 바이러스를 퍼뜨리고 다닐 수 있거든요. 게다가 박쥐는 수명이 길고, 좁은 동굴에 빼곡하게 서식하는 특성이 있습니다. 가령 멕시코꼬리박쥐는 서식지 한 곳에 100만 마리 정도가 모여 큰 무리를 이루기도 하는데, 밀도를 따져 보면 1m² 정도의 좁은 공간에 300마리의 박쥐가 사는 것입니다. 이와 같은 서식 환경이라면 바이러스가 박쥐 사이를 거침없이 이동할 것입니다.

게다가 박쥐는 그냥 숙주가 아닙니다. 날 수 있어 기동성이 좋은 숙주입니다. 박쥐의 비행 능력은 곧 바이러스의 비행 능력과도 같지요. 먹이를 사냥하든 서식지를 옮기든, 떼를 지어 이동하는 과정에서 박쥐는 필연적으로 체액이나 배설물을 남기게 됩니다. 배설물에 담긴 바이러스는 또 다른 숙주를 노리는 덫이 됩니다. 박쥐의 체액이나 배설물이 다른 숙주의 먹이에 남고, 이 먹이를 새로운 숙주가 먹으면 바이러스는 자연스럽게 새로운 숙주로 이동합니다. 새로운 숙주에 적응하는 게 쉽지는 않지만, 일단 숙주 전환이 이루어지면 그 안에서 바이러스 증식의 토대가 마련되는 것이지요.

기후 변화와 바이러스의 상관관계

코로나19의 시작은 아직까지 수수께끼로 남아 있습니다. 다만, 야생 박쥐에서 시작해 또 다른 야생 동물이 중간 숙주가 되었고 결국 인간에게 전파되었다는 것이 과학자들의 공통적인 가설입니다. 바이러스의 저수지라 불리는 박쥐의 몸은 바이러스로부터 염증 반응을 일으키지 않지만, 중간 숙주는 그렇지 않지요. 코로나19 바이러스의 중간 숙주로 의심되는 동물 중 하나는 천산갑이에요. 천산갑은 개미핥기와 비슷한 외모를 가졌는데, 몸이 단단한 비늘로 덮여 있다는 점이 특징입니다. 주로 중국 남부 지방에서 서식하는 천산갑은 약재로 쓰이는 경우가 많습니다. 멸종 위기에 처한 동물임에도 불구하고, 시장에서 천산갑을 불법적으로 판매하는 모습을 목격할 수 있지요.

2021년 영국 케임브리지대 연구진과 미국 하와이대 연구진이 기후 변화가 코로나19 대유행에 영향을 주었다는 내용의 논문을 발표했습니다. 중국 남부 지역과 미얀마, 라오스 지역의 최근 100년 동안의 식생 변화를 추적 관찰해 봤더니

→ 천산갑은 포유류이지만 특이하게도 딱딱하고 큰 비늘이 몸통을 덮고 있다.

기후 변화로 인한 기온 상승이 나무들의 종류를 바꾸어 놓았다고 합니다. 지난 세기만 하더라도 이 지역에는 키가 작은 열대 관목이 주를 이루었지만, 지금은 사바나로 불리는 열대 초원으로 변했고 나무 또한 낙엽수림 위주로 변하게 되었습니다. 이렇게 달라진 환경 조건은 박쥐의 먹이를 풍부하게 만들었고 자연스럽게 박쥐를 끌어들였습니다. 연구진은 최근 100년간 40종의 박쥐가 이 지역으로 유입되었다고 분석합니다. 박쥐 종이 늘어난 중국 남부 지역은 코로나19의 중간 숙주로 지목된 천산갑의 주요 서식지와도 일치하지요.

하지만 더 중요한 원인을 생각해 보면 인간이 박쥐의 서식 공간까지 침범해 들어가면서 박쥐의 체액과 배설물에 감염된 2차 숙주와의 접촉 빈도가 높아진 것이 큰 몫을 했습니다. 따지고 보면 진화의 과정에서 다양한 바이러스를 보유하게 된 야생 동물은 잘못이 없습니다. 야생 동물을 식용으로 거래하는 행위, 야생 동물의 서식지를 파괴하는 행위, 나아가 박쥐의 이동을 유발한 인간의 행위가 결국 감염병이라는 부메랑이 되어 돌아온 것이지요.

감염된 인류와 도시라는 공간

스페인 독감이 세계인을 공포에 떨도록 만들었던 1918년만 하더라도, 세계에서 도시에 사는 인구는 약 14% 정도였습니다. 하지만 코로나19가 창궐한 2020년에는 약 57%의 인구가 1만여 개의 도시에 밀집해 살고 있었습니다. 사람이 밀집한 도시에서는 바이러스의 전파 속도가 매우 빠르기 마련입니다. 결국 코로나19는 스페인 독감보다 훨씬 빠른 속도로 전 세계적으로 크게 유행하는 감염병이 되어 버렸죠.

유엔인간정주계획이 발간한 '2020 세계 도시 보고서'에 따르면 코로나19 감염 사례의 약 95%가 도시에서 나왔다고 합니다. 코로나19는 인간의 터전으로서 꾸준한 신뢰를 받아 온 '현대 도시'에 관한 믿음을 크게 흔들었습니다. 화려함과 첨단 기술로 무장한 도시였지만, 감염병에는 취약했지요. 특히 도시의 규모가 클수록 취약성은 높았습니다. 뉴욕, 런던 등 세계적인 수준의 인프라와 행정력을 갖춘 전 세계의 대도시들은 일시적인 봉쇄령을 내리기도 했습니다. 그러나 코로나19의 유행은 막지 못했지요. 인구와 시설이 고도로 밀집한 세계의 주요 대도시는 코로나19가 빠르게 전파될 수 있는 허브였고, 대도시와 연결된 주변 도시는 바이러스의 침입으로부터 안전하지 못했습니다.

우리나라도 그렇습니다. 2023년 5월 기준으로 광역자치단체별 코로나19 누적 확진자 수를 보면, 대체로 인구수에 비례하고, 인구가 밀집한 광역시의 확진자 수가 면적 대비 더 높은 비중을 차지하고 있습니다.

→ 코로나19 바이러스는 공항을 허브로 삼아 퍼져 나갔다.

    코로나19는 대체로 큰 도시에서 점차 작은 도시로 전파되었습니다. 이는 국가의 관문인 공항의 입지와 무관하지 않습니다. 공항은 대부분 대도시에 있고, 이는 세계의 주요 대도시가 긴밀하게 연결되어 있음을 뜻하지요. 홍콩을 사례로 한 연구에 따르면, 대다수 확진 경로가 해외에서 공항으로, 공항에서 대도시로, 대도시에서 주변 도시로 뻗어 나갔다고 합니다. 우리나라의 첫 확진자가 인천 국제공항을 통해 국내에 들어온 것, 서울과 수도권을 중심으로 코로나19가 빠르게 확산

한 점 역시 대도시의 무서운 전파력을 증명합니다.

사정이 이러하다 보니 세계의 도시 과학자들 사이에서는 도시의 체질을 근본적으로 개선하자는 목소리가 높습니다. 코로나 시대에 경험한 비대면 노하우를 십분 활용하여 꼭 필요한 때에만 대면하자는 주장도 있습니다. 비대면 관련 산업과 인프라를 키운다면 불필요한 교통량을 줄이고 에너지의 낭비를 막을 수 있을 것입니다. 새로운 방식의 경제 활동을 촉진하려면, '스마트 도시' 구축을 서둘러야 한다는 목소리도 있습니다. 스마트 도시는 빅데이터를 기반으로 도시 기능을 최적화하는 동시에 환경 파괴를 줄이는 것을 지향합니다. 실제로 코로나19로 학교나 병원 등 생활 곳곳에 디지털 플랫폼이 스며들며 '스마트 도시화'의 기반을 세우기도 했습니다.

바이러스의 차별 공식
- - - - - - - - - - - - - - -

코로나19에 따른 사망률을 나타낸 지도는 바이러스가 지역에 따라 불평등하게 퍼져 나갔다는 사실을 알려 줍니다. 결론부터 말하자면 사망률은 주로 소득이 낮은 지역일수록 높게 나타납니다. 저소득층과 사회적 취약 계층에서 더 많은 사람이 죽었다는 것은 결국 의료 시스템이 공간적으로 불평등함을 뜻합니다.

코로나19가 한창이던 2020년, 미국에서 지역별 사망률을 분석한 결과 가장 치명적인 피해를 본 지역은 멕시코만과 접한 남부 지역이었습니다. 그중에서도 루이지애나주 뉴올리언스시는 2020년 4월 기준, 가장 높은 사망률을 기록했습니다. 특이한 것은 루이지애나주에 거주하는 유럽계 미국인보다 아프리카계 미국인의 사망률이 높았다는 점입니다. 루이지애나주의 인구 구성을 보면, 아프리카계 미국인은 약 30% 내외를 차지할 뿐이지만, 사망자의 약 70%가 아프리카계 미국인이었습니다. 이들은 어째서 더 많은 희생을 치러야 했을까요?

미국 루이지애나주에는 석유 화학 제품을 만들거나 석유를 정유하는 공장이 많습니다. 해당 공장의 노동자 상당수는 아프리카계 미국인인데요, 이들은 화학 성분에 과하게 노출되어 있는 노동 환경 탓에 호흡기 질환에 취약했다고 합니다.

쉽게 말해 이미 기저 질환을 보유한 사람이 많았고, 그 상황이 코로나19로 인한 치명률을 높인 것이지요. 미국 최대의 도시 뉴욕에서도 아프리카계 미국인이 유럽계 미국인보다 2배 가까이 더 사망했습니다.

미국에서 유럽계 미국인은 평균적으로 소득 및 문화 수준이 높습니다. 소득 수준이 높다는 것은 의료 보험 가입률이 높고, 생활 편의 시설이 잘 갖춰진 곳에서 복지와 의료 혜택을 받을 확률이 높다는 뜻이 됩니다. 감염병으로부터 상대적으로 안전하고, 또 감염되어도 빠르게 처치를 받을 수 있는 덕에 생존 확률이 높습니다.

반면에 저소득층은 바이러스 감염에 상대적으로 취약할 수밖에 없습니다. 비대면 재택근무가 어려운 직업을 가진 비율이 높아 상대적으로 밀집된 공간에서 몸을 움직여 노동해야 하지요. 지하철과 같은 대중교통을 이용해야 하니 많은 사람과 접촉할 수밖에 없고요. 설상가상으로 일을 끝내고 돌아가는 곳은 밀집형 거주지일 확률이 높습니다. 미국 내 코로나19로 많은 사망자를 낸 곳이 앞선 조건을 충족하는 지역인 것은 결코 우연이 아닙니다.

팬데믹에 대처하는
도시의 미래

코로나19는 도시 공간의 밀집성에 대한 근본적인 물음을 던졌습니다. 그 덕에 '스마트 도시'에 관한 논의가 더욱 활발해졌지요. 시민은 물론 도시 계획자, 정치가, 기업가 등이 정보 통신 기술을 활용해 복잡하고 다양한 도시 문제를 '스마트'하게 해결하는 곳이 스마트 도시입니다. 스마트 도시에서는 팬데믹이 도시에 미친 영향을 면밀하게 분석해 빠르게 해답을 찾을 수 있을 것입니다. 그래서 스마트 도시는 다가올 미래의 도시 모델로 자주 거론됩니다.

코로나19에 대응하기 위해 세계 여러 도시에서 펼쳤던 정책을 돌아보면, 대부분 스마트 도시에서 이상적으로 구현하리라 기대하는 기술력에 기반한 정책과 전략이었습니다. 휴대폰 데이터를 분석하고, 자가 격리 여부를 모바일로 확인하며, 개인의 동선과 카드 사용 내역을 실시간으로 모니터링했지요. 막대한 양의 디지털 데이터를 이용하고 분석할 수 있는 기술력은 팬데믹 대응에 큰 힘이 되었습니다.

향후 코로나19와 유사한 팬데믹이 찾아오면, 도시는 또다시 팬데믹의 중심이 될 것입니다. 첨단의 기술력으로 팬데믹에 맞서는 스마트 도시는 불가피한 선택으로 보이기도 합니다. 스마트 도시에서 만들어진 데이터가 정부와 의료 시스템에 활용되면 적재적소에 감염병 차단 시설을 구축하는 데 도움을 줄 것입니다. 순기능만큼 부작용도 있겠지만 피할 수 없는 도시화의 속도를 감안한다면, 스마트시티는 갈수록 고밀화되고 있는 세계 대도시의 필수적인 대안입니다.

기후 토론 ✏️

인류는 팬데믹을
극복할 수 있을까?

극복할 수 있다

1. 정교한 방역 체계를 구축했다

세계 각국은 빠른 속도로 확산한 코로나19를 통해 단단한 방역 체계를 갖추게 됐다. 그렇기에 앞으로는 바이러스 확산 속도를 충분히 억제할 수 있고, 확산이 불가피해도 백신이나 치료제를 개발해 큰 희생 없이 팬데믹을 극복할 수 있다.

2. 이미 비대면 상황을 위한 사회 인프라가 구축됐다

감염병으로 대면 접촉이 불가한 상황을 위해 정부 기관, 학교, 군대 등 공적 기관은 물론 민간 기업에 이르기까지 모든 사회 영역에서 이미 비대면 시스템이 구축됐다. 이로써 감염병 초기 대응이 확실하게 이루어질 수 있기에 다가올 감염병의 파고는 어렵지 않게 극복할 수 있다.

3. 시민 의식이 성숙했다

국가의 성공적인 방역 대처는 성숙한 시민 의식이 뒷받침되어야 가능하다. 코로나19에 대응하며 남녀노소 불문하고 공공장소에서의 행동 수칙, 상대방을 배려하는 개인 방역 수칙 등을 몸으로 익혔다. 또다시 팬데믹이 창궐해도 성숙한 시민 의식으로 충분히 극복할 수 있다.

1. 팬데믹을 막을 수는 없다

인류의 역사를 되짚어 보면 흑사병, 콜레라, 스페인 독감 등 치명적인 감염병이 항상 있었다. 인간은 기계가 아닌 동물이기에 질병에 걸릴 수밖에 없다. 다가올 팬데믹에 최대한 대비해야겠지만, 감염병이 창궐하면 '자연스럽게' 지나가기를 기다리는 수밖에 없다.

2. 바이러스가 너무 많다

팬데믹은 바이러스로부터 온다. 세계의 무수히 많은 동물의 몸에는 인간이 미처 알지 못하는 바이러스가 많다. 감염병에서 가장 많이 거론되는 박쥐의 몸속에만도 인간의 면역 체계로 대응하기 힘든 바이러스가 수십 종에 이른다. 따라서 코로나19와 같은 팬데믹은 앞으로도 꾸준히 반복될 것이다.

3. 한번 바이러스가 유행하면 이후엔 풍토병이 된다

코로나19에 관해 엔데믹을 선언한다고 해도 바이러스는 여전히 살아 있다. '엔데믹'은 감염병의 종식이 아니라 공존을 뜻하는 용어다. 세계 곳곳에는 여전히 코로나19가 마치 독감 바이러스처럼 변이를 일으키고 있다. 새로운 감염병이 창궐한다면 종국적으로는 그 바이러스와의 공존을 준비할 수밖에 없다.

참고 문헌

프롤로그 ────────────────────────────

브리태니커 백과사전, "The discovery of Ardipithecus" britannica.com/topic/
　　Ardipithecus/The-discovery-of-Ardipithecus

Timmermann A, Friedrich T, "Late Pleistocene climate drivers of early human
　　migration." *Nature* 538, 2016.09.21., 92~95면.

Timmermann A, Yun KS 외, "Climate effects on archaic human habitats and
　　species successions." *Nature* 604, 2022.04.14., 495~501면.

유엔난민기구(UNHCR) 한국대표부「유엔난민기구 2021 연례 보고서 "숫자 너머의
　　이야기"」2022.07.

「전쟁만큼 무서운 기후변화…'기후난민' 확산」『YTN 사이언스』 2021.11.09.

세계기상기구(WMO) "Global Climate in 2015-2019" library.wmo.int/index.
　　php?lvl=notice_display&id=21718#.ZGQmmnZByUl

기후변화에관한정부간협의체(IPCC) "Climate Change 2021: The Physical Science
　　Basis" ipcc.ch/report/sixth-assessment-report-working-group-i

「기후 건조화와 아카드 제국의 멸망」『사이언스타임즈』 2010.10.06.

1장 ────────────────────────────

Toni Lyn Morelli 외, "The fate of Madagascar's rainforest habitat" *Nature Climate*

Change 10, 2020, 89~96면.

Amnesty international "Madagascar: Global leaders must act urgently to save lives and protect rights threatened by climate crisis" amnesty.org/en/latest /news/2021/10/madagascar-global-leaders-must-act-urgently-to-save -lives

코이카(KOICA) 동아프리카실 "마다가스카르 세계문화유산 아치나나나 열대우림 생물다양성 보존사업 기본계획" 2019.02.

Wannes Hubau, Simon L. Lewis 외 "Asynchronous carbon sink saturation in African and Amazonian tropical forests" *Nature* 579, 2020.03.04., 80~87면.

그린피스 서울사무소 "첨단 과학기술로 밝혀낸 파푸아 산림 파괴의 비밀" greenpeace.org/korea/update/15799/palm-oil-papua-deforestation

2장

사라 브라운 『고양이 그 생태와 문화의 역사』, 윤철희 옮김, 연암서가 2020.

「'바람길' 내줘야 시원하다」 『사이언스타임즈』 2018.06.18.

유엔(UN) "The World's Cities in 2018" un.org/development/desa/pd/content/ worlds-cities-2018-data-booklet

「"죽을 수도 있다" 시뻘건 도쿄… 폭염과의 전쟁」 『서울신문』 2021.07.29.

「최근 10년새 국내 폭염·열대야 일수 3~4일 늘었다」『동아사이언스』2021.07.12.

양지훈, 하종식 「기후변화로 인한 고온의 미래 사망부담 추정」『한국보건학회지』
39권 1호, 통권 130호, 2013, 19~31면.

「"미국 백인보다 유색인종이 도시 열섬현상에 더 많이 노출"」『동아사이언스』2021.
05.26.

「열대야 기승 일본, 야간 열사병 사망자 문제로 비상」『한국일보』2017.08.15.

김태범, 장희순 「도시지역의 녹지공간이 공동주택가격에 미치는 영향:서울시 근린
공원을 중심으로」『주택도시연구』10권 2호, 통권 23호, 2020, 87~107면.

「서울 '물 폭탄' 3배 급증, '도시형 폭우' 왜?」『mbc』2016.06.24.

「경제위기가 오면 도시열섬이 약해진다?」『한국일보』2021.09.07.

「아파트는 언제 늙고 어떻게 변해가나?」『사이언스타임즈』2021.02.16.

3장

「세계자연유산 대산호초 가치 48조원…오페라하우스 12배」『연합뉴스』2017.06.26.

유엔환경계획(UNEP) "Rising sea surface temperatures driving the loss of 14
percent of corals since 2009" unep.org/news-and-stories/press-release/
rising-sea-surface-temperatures-driving-loss-14-percent-corals-2009

미국해양청 "In what types of water do corals live?" oceanservice.noaa.gov/

facts/coralwaters.html

「'지구가열화 때문에⋯' 바다거북 알 챙겨가는 사람들 정체」『뉴스펭귄』 2021.04.18.

장순군 「찰스 다윈의 '비글호 항해기'와 지구과학」『한국지구과학회지』 21권 4호, 2000, 488~501면.

4장

사하라보존협회 "Dama Gazelle Conservation" saharaconservation.org/dama-gazelle

deMenocal, P. B., Tierney, J. E. "Green Sahara: African Humid Periods Paced by Earth's Orbital Changes" Nature Education Knowledge 3(10):12 2012.

Wim Van Neer, Francesca Alhaique 외, "Aquatic fauna from the Takarkori rock shelter reveals the Holocene central Saharan climate and palaeohydrography" *PLOS ONE* 15(2): e0228588, 2020.02.19.

세계자연기금(WWF) "Forests play a crucial part in sustaining life on our planet" wwf.panda.org/discover/our_focus/forests_practice/importance_forests

5장

Logan T. Berner, Richard Massey 외, "Summer warming explains widespread but not uniform greening in the Arctic tundra biome" *Nature Communication* 11, Article number 4621, 2020.

「Russia anthrax outbreak affects dozens in north Siberia」『BBC』2016.08.02.

6장

「100% '인공 눈' 동원하는 베이징 올림픽 "선수들 부상 위험"」『YTN』2022.01.28.

기후변화에관한정부간협의체(IPCC) "AR5 Synthesis Report: Climate Change 2014" ipcc.ch/report/ar5/syr

P. D. A. Kraaijenbrink 외, "Impact of a global temperature rise of 1.5 degrees Celsius on Asia's glaciers" *Nature* 549, 2017, 257~270면.

Lonnie G. Thompson 외, "The impacts of warming on rapidly retreating high-altitude, low-latitude glaciers and ice core-derived climate records" *Global and planetary change* 203, 2021.

「Tibet's plea: fix the roof of the world before it's too late」『The Guardian』2015. 11.11.

7장

「'바이러스의 저수지' 박쥐가 끄떡없이 진화한 비밀」『한겨레』 2020.01.30.

「박쥐는 왜 치명적인 바이러스의 온상이 되었나」『동아사이언스』 2020.01.29.

고규영, 명경재, 김호민, 심시보 「천산갑 코로나바이러스는 어떻게 인간에게 옮겨왔
　　나」『기초과학연구원 코로나19 과학 리포트』 10권, 2020.

「기후변화로 서식지 옮긴 박쥐들, 코로나19는 보이지 않는 기후재앙이었다」『동아
　　사이언스』 2021.02.15.

유엔무역개발협의회(UNCTAD), "Handbook of Statistics 2022" unctad.org/
　　publication/handbook-statistics-2022

유네스코(UNESCO) 한국위원회 홈페이지 "우리가 살고 싶은 도시" unesco.or.kr/
　　data/unesco_news/view/776/1224/page/0?

이진희 외 「코로나바이러스감염증-19의 시공간적 확산 패턴 및 지역 간 감염 네트
　　워크 분석」 국토연구 제110권, 2021, 43~62면.

유현아 「코로나19 이후 대도시 집중-분산 이슈 탐색」 국토연구원 WP 21-07, 2021.

「왜 코로나는 흑인들만 노리나: 불평등을 보는 공간의 사회학」『프레시안』 2020.05.05.

이미지 출처

이미지 출처 🗗

발견의 첫걸음 5

바다거북은 어디로 가야 할까?

기후 위기와 지리

초판 1쇄 발행 • 2023년 6월 30일
초판 2쇄 발행 • 2024년 6월 3일

지은이 • 최재희
펴낸이 • 염종선
책임편집 • 이상연 이현선
조판 • 박지현
펴낸곳 • (주)창비
등록 • 1986년 8월 5일 제85호
주소 • 10881 경기도 파주시 회동길 184
전화 • 031-955-3333
팩스 • 영업 031-955-3399 편집 031-955-3400
홈페이지 • www.changbi.com
전자우편 • ya@changbi.com

ⓒ 최재희 2023
ISBN 978-89-364-5325-1 43300